リベラシオン

no.173 『部落解放史・ふくおか』改題

人権研究ふくおか　2019 春

教師がカミングアウトしたことで地域の学校教育はどう変わったか

――性的指向及び性自認が人権として尊重される教育の作り方――

眞野　豊

一　カミングアウトで差別の鎖を断ち切る

同性愛者の近くにいることへの恐怖、…同性愛者に対する嫌悪と、しばしばそれに報いる罰を与えたいという欲望［Weinberg　1972］。

一九七二年、ジョージ・ワインバーグ（Weinberg, G.＝Thomas Weinberg）は、『社会と健康な同性愛者 *Society and the Healthy Homosexual*』の中で、同性愛嫌悪（Homophobia）という概念を定義し最初に一般化した。同性愛嫌悪は今なお、私的なレベル（個人、家族、親密な関係性）や公的なレベル（社会的、経済的、組織的な関係性）のあらゆるところに偏在し、異性愛的ではない者を排除しようとしている。また、同性愛嫌悪は、トランス嫌悪（Transphobia）とも緊密に結びつき、あいまいなジェンダーを持つ人々やジェンダー規範から逸脱する者への偏見や嫌悪となって表れることもある。すなわち性的マイノリティに対する差別の根底にあるものが、同性愛嫌悪という概念なのである。

学校という空間にも同性愛嫌悪は広く、また深く浸透しており、子どもたちの間で同性愛嫌悪的ないじめやからかいが行われることは珍しいことではない。また、残念なことに性的マイノリティに対する差別的な言動はしばしば教師たちの間でも見られる。性的指向や性自認を理由とした差別的な言動が、セクシュアルハラスメントであるという認識が大人/教師たちにも共有されていないためである。そのため教師が性的マイノリティに対する差別を助長することもあるし、教師の言動によって自尊感情を傷つけられた経験を語る当事者も少なくない。

このような学校空間においては、多くの子どもたちと同様に、教師でさえもセクシュアリティを公表すること、すなわちカミングアウトすることが難しい。しかし、異性愛が当たり前とされる社会でカミングアウトをしなければ、すべての人は異性愛者とみなされ、同性愛者はいないものとされてしまう。当事者の教員がセクシュアリティを秘匿すれば、すべての教員が異性愛者とみなされ、子どもたちは隠れたカリキュラムとして異性愛規範を学ぶことになるだろう。同性愛の子どもは、ロールモデルや自分以外の当事者の存在を知る機会を喪失し、自分だけが同性愛者であるという錯覚に陥ってしまう。さらに、同性愛に対する否定的なメッセージを繰り返し受け取ることで同性愛嫌悪を内面化する。内在化した同性愛嫌悪（Internalized Homophobia）のために、当事者はますますセクシュアリティを秘匿しようとするようになる。その結果、異性愛規範が強化されていく…。こうした悪循環が、同性愛者、性的マイノリティを孤立させ、生きる力を奪ってきた。こうした悪循環を好転させ、当事者の子どもに生きる力と希望、目標を持たせるためには、ロールモデルとなる大人の存在が不可欠である。

筆者はこのような考えに基づき、中学校で講師を勤めたとき同性愛をカミングアウトした。カミングアウトの目的は、同性愛嫌悪の連鎖を断ち切り、愚かな差別を終わりにさせることであった。

二　カミングアウトに対する生徒の反応

筆者が最初にカミングアウトしたのは二〇〇八年のことであった。ある日、授業中に「先生ってゲイ？」とつぶやいた生徒がいた。筆者は、「はい。でもそれは授業に関係ないですよね」と一言返した。休み時間になると筆者がゲイであるという噂が子どもたちの間で駆け巡った。「先生がゲイって本当ですか？」「先生ってホモなの？」…筆者は質問責めにあった。このように問われるたびに筆者は、「たしかに先生はゲイだけれど、ゲイであることは特別なことではない」。また、「ホモやオカマという表現は当事者を傷つける可能性があるから控えるべき」などと説明した。そんな筆者に対して、ある生徒は「そこ（ゲイであること）は否定すべきでしょ」と言うので、次のように答えた。「ゲイであることは悪いことでもなんでもない。もし先生がゲイであることを否定してしまったら、このクラスにいるかもしれない当事者の生徒に対しても失礼なことになる」と。どの生徒も最初は驚くが、ありのままを話す筆者に否定的な態度や暴言を吐く子どもはほとんどいなかった。むしろ、「応援しています」や「すごいと思う」といった反応が返ってくることが多く、カミングアウトによって子どもたちとの信頼関係は強くなったと感じた。

ある年には、授業開きの直前に「先生がゲイって本当ですか」と尋ねられた。生徒の中には、きょうだいから筆者がゲイであることを聞いている者もいた。授業開始のチャイムが聞こえたが、次のように話した。「この世の中には、女の人が好きな男の人や男の人が好きな女の人もいれば、男の人が好きな男の人や女の人が好きな女の人もいます。ただ、それだけのことです」。生徒は、一瞬の静寂の後「なるほど」とうなずいたり、「おー」とか「かっこいい」と言ったりしていた。そのまま何事もなかったかのように授業を始めた。

新しい学校、教室で子どもたちと出会うとき、筆者はさまざまな形でカミングアウトをしてきた。しかし、いつも気をつけていたことは、毅然とした態度で、事実を伝えることだった。教室の中には、必ず当事者の子どもがいる。これまでたった一人で孤独とたたかってきた子どもが。そうした子どもの存在を先ず想定して、「あなたは一人ではない」というメッセージを伝えたかった。また、教員の中にも当事者がいるということを子どもに示すことは、すべての子どもが性の多様性について学ぶ機会にもなると考えた。

福岡県で最初に教えた生徒たちが二〇一四年に成人を迎えた。この年、二〇歳になった元生徒数名の協力を得て、あるイベントを行った。「ゲイ教員と二〇歳になった元生徒たちとのトークイベント」である。この会場で、元生徒たちの中学校当時の心境を初めて聞くことになった。彼らの一人は、「正直、最初は驚きました。今までそういう人に会ったことがなかったからです。でも、眞野先生があまりにも自然に言っていたので、ゲイであることは特別なことではないと思えるようになりました」と語った。子どもたちの多くは、性的マイノリティであることを公表している人と出会った経験がないために、メディアで描かれる同性愛嫌悪的なキャラクターを信じたり、大人から聞いた根拠のない噂を鵜呑みにしたりしている。そのため筆者が同性愛者であるという事実を知ったときほとんどの生徒が驚き動揺する。しかし、それらの同性愛に対する知＝偏見は、実体を伴ったものではない。同性愛に対する「特別なこと」という印象は、実際にゲイを公言する教師との出会いを通じて、筆者という実体に引きずられながらも、変化していった。その結果、同性愛者に対する「特別な人」という偏見が解体されていったと考えられる。同性愛者に対する恐怖、すなわち同性愛嫌悪とは、実体を知らないことからくる恐れなのである。

また、別の元生徒は「（進学先の）高校でレズビアンの人に出会いました。でも中学校のとき眞野先生と出会っていたので普通に接することができました」と語った。元生徒らは卒業後、進学先や就職先で多様な人と出会っている。当然そうした出会いの中には、性的マイノリティとの出会いもある。そのとき中学校のときにゲイの先生がいたという経験が、同性愛嫌悪的な差別に加担することを回避することにつながっていた。

三　保護者の反応

カミングアウトするにあたって、もう一つ気がかりだったことは保護者からどう思われるかということだった。学校に苦情がくるのではないか、そんな心配もあった。保護者の中には同性愛について偏見を持っていたり、教員が同性愛者であるとカミングアウトすることをよく思わなかったりする者もいるだろう。しかし、そのような保護者にこそ、理解をしてもらわなくてはいけないとも思った。なぜなら、大人の差別や偏見によって傷つくのは、子どもだからである。筆者には、同性愛をカミングアウトすることが正当な行為であり、教育上も必要なことであることを説明する力がある。だが、保護者による差別や偏見に抗うことができる子どもはいないだろう。

保護者にどう思われているのだろうという不安は、ふたを開けてみると余計な心配だったことがわかった。勤務校の校区内に住んでいた筆者は、スーパーで買い物をしていると必ずと言っていいほど保護者に出くわし、声をかけられた。「子どもから先生のことを聞いています。私も応援しています」。「子どもがいつも楽しそうに先生の話をしているので会ってみたかった。会えて嬉しいです」。内心、保護者はどう思っているのかを心配していた筆者は、そうした言葉に救われた。あるときは、生徒から「お祖母ちゃんに先生のことを話したら、先生にすごく興味を持ったみたいで、是非会いたいと言っていました」と言われた。数日後、本当に生徒の祖母が学校に訪ねてきて、二時間近く話し込んだ。保護者たちの多くが、子どもを通じて、筆者が同性愛者であることをすでに知っていた。筆者が同性愛者であることを知ったとき保護者たちがどう思ったかは本当のところはわからない。同性愛者が教壇に立つことをよく思わない保護者も必ずいるであろう。しかし、近所のスーパーで筆者に声をかけてくれた保護者、筆者に会うために学校に足を運んだ生徒の祖母は、筆者に対して否定的な言動をすることはなかった。このような保護者たちは、「楽しそうに先生の話をしている」子どもの姿を通して、同性愛に対する見方や考え方を変えていったのかもしれない。

四　動き出した教師たち

筆者のこうしたカミングアウトの実践は、同僚の教師たちの意識も揺さぶることになった。当初は筆者のカミングアウトに否定的な教師が多かった。道徳の授業で同性愛差別を扱いたいと提案しても「それはあなたの趣味でしょ」と受け入れられなかった。校内で生じた同性愛嫌悪的な差別事象について問題提起しようとしても「混乱を招くだけだ」として、しばらくの間は、提案さえさせてもらえなかった。しばらくの間、筆者はたった一人で、目の前に立ちはだかる同性愛嫌悪と闘っていた。

ところが、そうした孤独な闘いを続ける中で、筆者の周りには少しずつ理解者が増えていった。性的マイノリティに対する差別の問題に教師たちも気づき始めたのである。最初に、関心を示してくれたのは、養護教諭たちだった。養護教諭たちが作るサークルの勉強会に呼ばれ、性の多様性について先生方と勉強を重ねた。養護教諭たちの多様な性についての学びは、やがて人権教育担当教員たちへも広がり始めることになった。人権教育担当の教師たちが性的マイノリティに対する差別の問題を人権課題と捉えたことによって、各学校での研修会、校区内の研修会へと発展し、市全体の教員を集めた研修会でも性の多様性が取り上げられるようになった。その後、小学校と中学校における授業研究が重ねられ、二〇一八年には、多様な性を踏まえた教育に関する『教職員向けの手引き』を教育委員会が発行するに至った［糸島市教育委員会　二〇一八］。二〇一九年度からはこの手引きを使った多様な性を理解するための授業が市内のすべての小中学校で行われることになっている。

最初は、一人の孤独な闘いであったが、いつの間にか多くの先生方に助けられ、気づけば、市内のすべての学校が性的マイノリティへの差別解消に取り組むまでに至っていた。異性愛が当然とされ、強いジェンダー規範に支配された社会／学校において、異性愛規範やジェンダー規範に異議を唱えることは、不可能であり、焼石に水のように思えるときもあるかもしれない。しかし、日常の中で経験する違和感や疑問、これらを言葉にし、伝えることが大切である。そうした言葉が、周りの人々の意識に変化をもたらすことがある。小さな行動が、周囲の人々の意識を変え、地域を変え、社会を変えるということは、筆者が同性愛をカミングアウトして過ごした六年間の教員生活の中で確かめたことである。

五　ＬＧＢＴＱ教育へ向けて

一九九〇年代後半から継続して行われている当事者に対する大規模なアンケート調査の最新版『REACH Online 2016』（研究代表者　日高康晴）によると、一〇代の回答者の約半数がいじめ被害経験があると答えているという［日高　二〇一七］。また、いじめ被害経験がある者のうち、「ホモ・おかま・おとこおんな」などの言葉によるいじめ被害率が六三・八％、服を脱がされるいじめ被害率が一八・三％であったという［同前］。これらのことから、性的マイノリティの子どもにとって学校生活が未だに安心できるものとはなっていないことがわかる。

では、性的マイノリティへの差別が起こるのはなぜだろうか。性的マイノリティに対する差別行為（否定的な言動、いじめ、からかい、暴力、ヘイトスピーチ等）は、同性愛者に対する嫌悪（同性愛嫌悪）

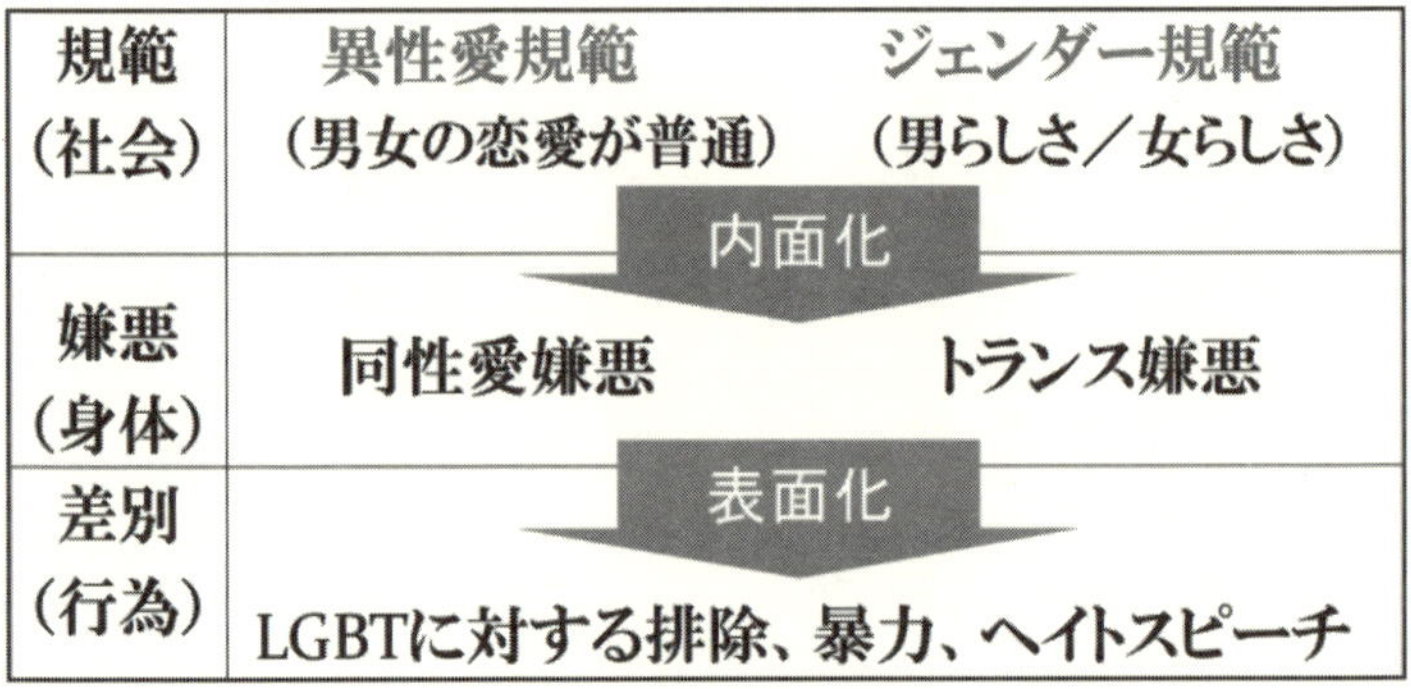

規範 (社会)	異性愛規範 (男女の恋愛が普通)	ジェンダー規範 (男らしさ／女らしさ)
	↓ 内面化	
嫌悪 (身体)	同性愛嫌悪	トランス嫌悪
	↓ 表面化	
差別 (行為)	LGBTに対する排除、暴力、ヘイトスピーチ	

図1　LGBT差別を説明する理論

© 2018 Yutaka MANO

やトランスジェンダーに対する嫌悪（トランス嫌悪）が言葉や行動となって表れたものである（図1）。では、人が同性愛嫌悪やトランス嫌悪を抱くのはなぜか。こうした嫌悪感の背景にあるのが、異性愛規範（Heteronormativity）とジェンダー規範（Gender Norms）である。人々がこうした規範を内面化することによって、そうした規範から逸脱することへの恐怖や嫌悪が生まれるのである。

したがって、性的マイノリティへの差別に対抗するために、まず、必要なのは、異性愛規範とジェンダー規範を問う実践である。具体的には、人はみな異性に性的関心を抱くという思い込みを問うような授業、さらに、男はこうでなければならない／女はこうでなければならないといった決めつけを問う授業が行われる必要がある。これらの授業はマジョリティとされる人々の常識や思い込みを問う実践であり、これらの実践を通して、性（Sexuality）に関する人々の思い込みを揺さぶり、人間の多様性に気づかせることが大切である。また、そのための具体的なツールの一つとして、性のグラデーショ

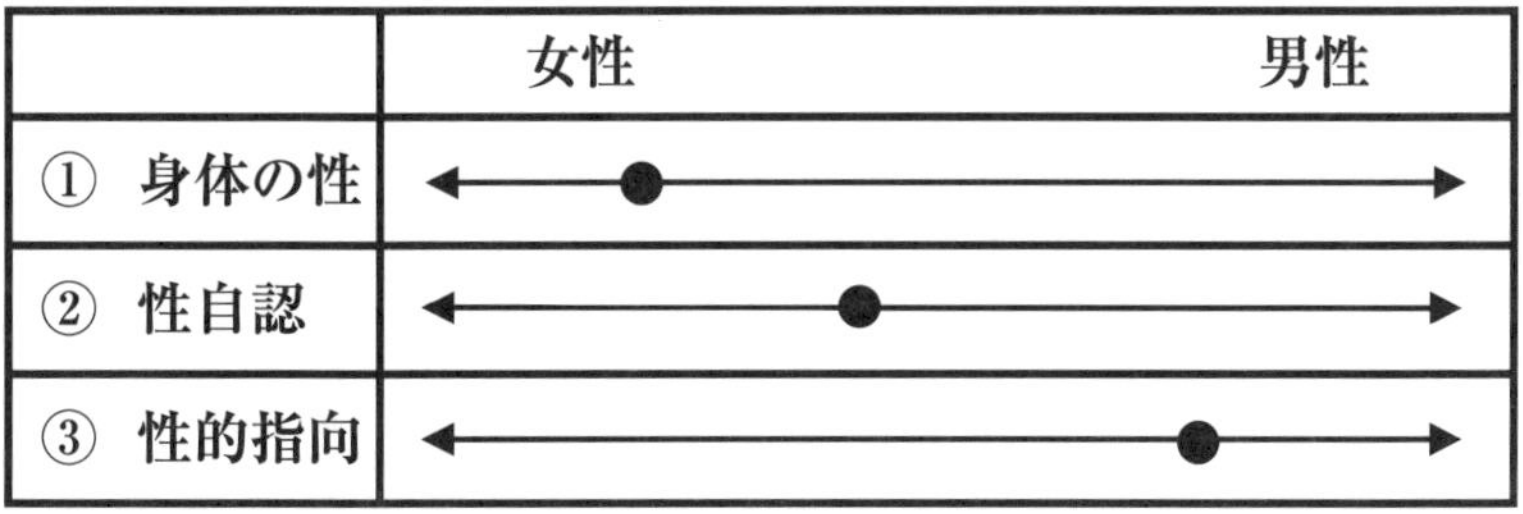

図２　スケール　（例）

ン・スケールがあげられる（図2）［眞野　二〇一六］。このスケールでは、性を三つの要素「身体の性」（Sex）、「性自認」（Gender Identity）、「性的指向」（Sexual Orientation）に整理する。さらに、それぞれの要素も女性か男性にきっぱり二分できるものではなく、線分上のどこかに位置するものと考える。このようなスケールで一人の人間の性のあり方を考えていくと、点の位置は人によって異なり、指紋のように性のあり方は一人一人異なることに気づくことができる。したがって、一人の人間の性は、多様な性のグラデーションの中の一つにすぎないのだと理解することができるようになる。

そして、多様な性のあり方を尊重し、性的マイノリティへの差別をなくすうえで最も大切なことは、性的指向（Sexual Orientation）や性自認（Gender Identity）、すなわち「ＳＯＧＩ」が人権であるという認識を定着させることである。同性愛者やトランスジェンダーの人権を軽視したり、暴力をふるったりすることができるのは、性的指向や性自認が人権であるという認識や感覚を欠いているからである。性的指向（誰を好きになるかということ）や性自認（自分の性に対する認識）は、人を傷つけない限りにおいて、その人の自由であり、誰にも侵害されるべきではないという基本的な考え方をもつことが大切である。このような考え方を定着させることによって、同性愛嫌悪やトランス嫌悪による暴力は防ぐことができる。また、性的指向及び性自認を人権と捉える考え方は、性的マイノリティを暴力から守るためだけに必要なわけではない。性的マジョリティとされる人々が、より自分らしい生き方を選択するためにも必要なことである。人は多かれ少なかれ誰しも、男らしさや女らしさといったジェンダー規範によって影響を受けている。ジェンダー規範が進路選択の幅を狭めることもある。したがって、まず、自分自身の性的指向・性自認が人権であるということに気づき、男らしさや女らしさといった規範に縛られない自由な生き方を選択する権利があることに気づくことが大切である。そのうえで、自分の性的指向や性自認と同様に、他者の性的指向や性自認を尊重する考え方や態度を育てていくことが求められる。

文部科学省が通知等で性的マイノリティの児童生徒への配慮を求めるようになって以降［文部科学省二〇一〇、二〇一五、二〇一六］、特に性同一性障害の児童生徒に対する個別的な配慮を行う学校は増加の傾向にある。しかし、異性愛規範やジェンダー規範を不問に付したままなされる個別的な配慮には、差別に対抗する効果はない。例えば、トランスジェンダーの生徒に自認する性別の制服を着用することを認めたとしても、教室の中に異性装への差別的な眼差しがあれば、当事者の生徒が自認する性別の制服を着用して教室に入ることは実際には不可能であろう。性的マイノリティの子どもたちがおかれる厳しい差別の実態を知った誠実な教師たちは、被差別の立場におかれた性的マイノリティの子どもたちに目を向け、寄り添い、理解しようとし、さらには、授業の中で性的マイノリティについて教えようとするかもしれない。しかし、いくら性的マイノリティに注意を向け、性的マイノリティについて知ったとしても教室から差別をなくすことは難しいであろう。差別が起こるのは差別される者が存在するからではなく、差別を行使する者がいるからである。したがって、性的マイノリティについて知るだけでは不十分であり、むしろ、性的マジョリティに目を向け、なぜ差別的な言動をしてしまうのか、どうしたら差別に加担することを防げるのかを考えなくてはならない。だからこそ、ＬＧＢＴＱ教育は、性的マジョリティを含めたすべての子どもたちに向けられたものでなければならない。

性的指向及び性自認は、すべての人が有する権利であるという考え方は、性的マイノリティを特定し、保護あるいは特別な配慮をするような考え方とは異なる。性的マイノリティが困難を抱えるのは、性的マイノリティが他者と異なる特別なニーズを持っているからではなく、多様な性的指向及び性自認が尊重されていないからであると考えることが必要である。大切なのは、性的マイノリティの特別なニーズに応えることではなく、すべての人の性的指向及び性自認が尊重される環境やルールを作ることである。

部落差別をなくすために、誰が部落出身者であるかを探し出し、特定することが必要ないのと同様に、性的指向及び性自認による差別をなくすために性的マイノリティを探し出す必要はない。探すべきは、性的マイノリティが誰かなどではなく、性的指向及び性自認による差別の芽がないかということである。具体的には、男らしさや女らしさへの決めつけや、同性愛やトランスジェンダーを否定する差別的な言動がないかを探さなくてはいけない。そのような言動を見つけ、そうした言動がなぜ問題なのかについて、子どもや同僚と積極的に議論することが、性的指向及び性自認を理由とした差別を学校、そして社会からなくすことにつながっていくと考える。

参考文献

糸島市教育委員会　二〇一八『人権教育の手引き三～多様な性を理解し、ともに生きるために～』
日高康晴　二〇一七「LGBT当事者の意識調査～いじめ問題と職場環境等の課題～」（二〇一八年一二月入手）http://www.health-issue.jp/reach_online2016_report.pdf
眞野豊　二〇一五「私の教育実践――〝ゲイ教員〟とカミングアウトして見えてきたこと――」エイデル研究所『季刊セクシュアリティ』第七〇号　一三〇－一三六頁
眞野豊　二〇一六「〝性の多様性〟をどう授業化するか―福岡県公立学校における試みをもとにした考察―」九州教育学会『九州教育学会研究紀要』第四三巻　八九－九六頁
文部科学省　二〇一〇「児童生徒が抱える問題に対しての教育相談の徹底について（通知）」
文部科学省　二〇一五「性同一性障害に係る児童生徒に対するきめ細かな対応の実施等について」
文部科学省　二〇一六「性同一性障害や性的指向・性自認に係る、児童生徒に対するきめ細かな対応等の実施について（教職員向け）」
Weinberg, G. 1972, *Society and the Healthy Homosexual*. New York: St. Martin's Press.

〈付記〉本稿はＪＳＰＳ科研費（課題番号：１８Ｊ００８７２）による助成を受けた研究の一環である。

（まの　ゆたか・会員・日本学術振興会特別研究員ＰＤ／広島修道大学）

特集　ＬＧＢＴＱ教育は今　―教育実践―

『人権教育の手引き3 ～多様な性を理解し、ともに生きるために～』の作成に関わって

糸島市教育委員会

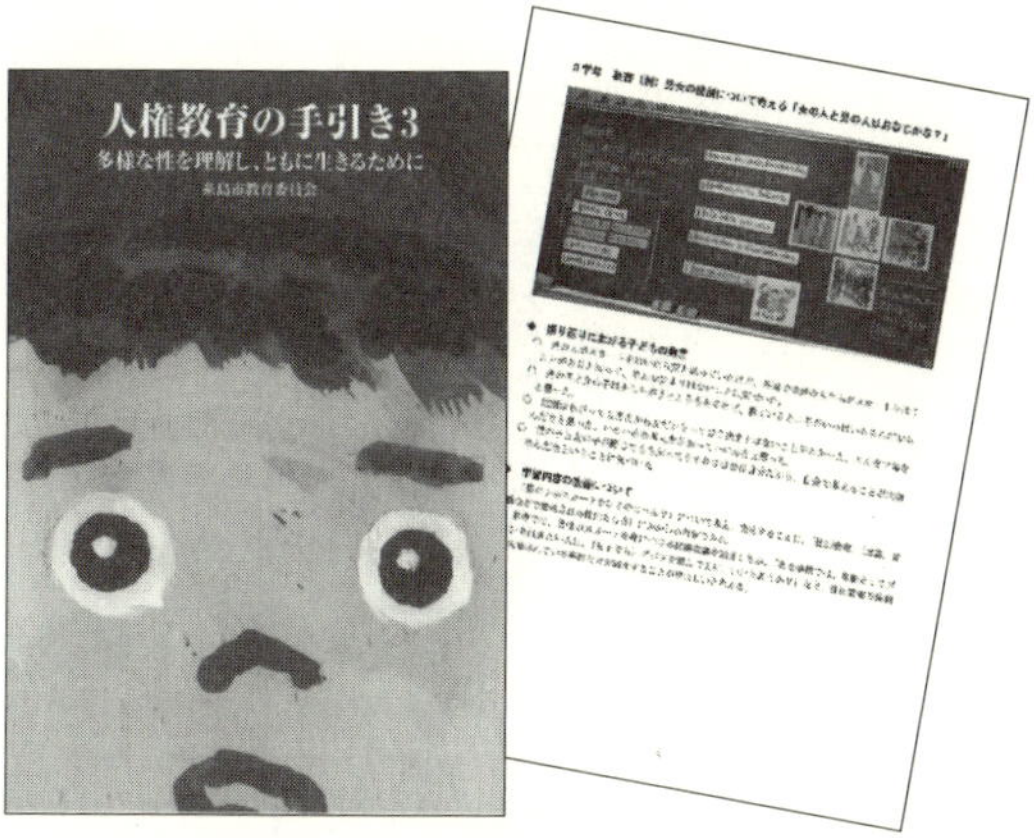

資料１　人権教育の手引き３

一　作成までの経緯

■問題提起を受けて

平成二四年、糸島市内小・中学校の人権・同和教育担当者が集う学習会において、「『ホモ』や『オカマ』は差別語ではないのですか」という提起がなされた。当時、子どもたちによる障がい者差別発言や賤称語発言に対しては、教育課題としての共通認識のもとに、課題解決をめざす議論と取組がなされていた。しかし、性的マイノリティを排除、否定するこれらの発言に対する問題意識は稀薄であった。このことが指摘されたのである。

この提起に対し、この場では参加者は何も返すことができなかった。しかし、問題意識はゆさぶられ、課題意識をもった教職員は授業に取り組み始めた。個人から始められた取組は、課題意識の拡がりとともに学校や中学校区においても実践と研究が図られるようになり、今日、さらなる拡がりを見せている。いわば、点が線となり、今や面にもなろうとしている。

■背景にある課題

性的マイノリティの子どもたちはいじめの被害者や不登校になりやすく、性的指向や性自認（ＳＯＧＩ）が尊重されているとは言い難い。これは、日本の学校空間に、同性愛に対する偏見（同性愛嫌悪）やトランスジェンダーに対する偏見（トランス嫌悪）が存在しているからである。これらの偏見が、性的マイノリティの子どもたちから安心して学ぶ権利や生きる力を奪ってきた。これらの偏見は、性的マジョリティの子どもたちに向けられることもあるが、子どもたちが性の多様性について学習する機会は保障されていない。その結果、子どもたちは性的指向や性自認を理由とした差別の被害者や加害者になってしまっている。

同性愛嫌悪やトランス嫌悪の背景には、異性愛規範とジェンダー規範がある。これらの規範が、異性愛ではない者への偏見や男らしく女らしく振る舞うことのできない者への偏見となって現れる。したがって、これまでの学校教育で常識とされてきた異性愛規範やジェンダー規範を見直し、性の多様性を前提とした学校教育へとつくりかえる必要があると考えた。

■糸島市における実践課題

糸島市においても、「豊かな言葉を育てるための学習」の中で子どもたちに「嫌な言葉（チクチク言葉）」を問うたとき、障がい者差別に関わる言葉はあがってきても、「ホモ」「オカマ」などの言葉はあがってこないという事実がある。これらの言葉は、実際に子どもたちから発せられており、教師はその言葉について指導をしてきた。にもかかわらず、子どもたちは「嫌な言葉」として認識していない。これらの言葉で中傷され、排除され、深く傷つく当事者が存在するという認識に立っていなかったのである。

これまで、糸島市人権・同和教育研究大会や各中学校区・学校の研修を通して、①学校にも地域にも性的マイノリティがいる、②生きづらさを感じさせているのはまわりである（差別をしている側の問題）、③性の在り方は個性の一つであり一人一人にそれぞれ多様な性の在り方や生き方がある、④性の多様性について学ぶことは、すべての人の性のあり方について学ぶことであり、誰かのことではなく自分自身について学ぶことである、と確認してきた。さらに、教職員が性の多様性に関わる人権課題や多様な性に対する正しい理解と認識を深めるとともに、育ちに応じた学習を行う必要があることも確認してきた。

そのような中、平成二六〜二七年度に糸島市立前原中学校、平成二八〜二九年度に糸島市立前原南小学校が文部科学省の人権教育研究推進指定校の指定を受け、「『性的少数者』の人権に係る理解を促す授業モデルを開発する実践的な研究」に取り組んできた。

前原中学校では、教員意識調査の結果から、四割近くが性の多様性に関わる教育の必要性を感じていることが、生徒へのアンケート調査の結果からは、身体的特徴に関する冷やかしなどに心を痛めていることが明らかになり、授業モデルの開発及び授業実践の原動力となった。その中で、言葉の重みなど、生徒の身近な問題と結びつけた授業実践を行うことで（資料2）、生徒の人権感覚の高揚につながった。一方で、発達段階に応じ性の多様性に係る知的理解を深め、当事者の思いを理解した人間関係の在り方を考える授業モデル開発の必要性が明らかになった。

前原南小学校では、校内研修会を行い、発達段階に応じた授業づくりの視点として「多様な性についての正しい知識理解」と「ありのままを大切にすること」の積み上げの重要性を整理した（資料3）。そして、各学年で実態に合った教材や指導内容を検討し、授業公開を行った。この授業公開は、教職員だけでなく、保護者や地域、同一中学校区教職員に向けた発信でもあり、保護者・地域の関心も高まり、正しい認識を促すことにつながった。また、同一中学校区教職員には、授業後の協議会を通して、性の多様性は個性の一つであり、個性を大切にする児童生徒や集団を育てること、そして中学校区内の小中学校で九年間を見通した多様な性に係る取組を深めることを確認した。

　このような課題は本小中学校に留まらず、市内小中学校に広がる中、糸島市教育委員会も必要性をもち、人権教育の手引き作成実行委員会を立ち上げ、作成に至った。このことは糸島市人権教育・啓発基本指針の具体化を図る上でも意義あるものである。

資料２　授業モデルの板書

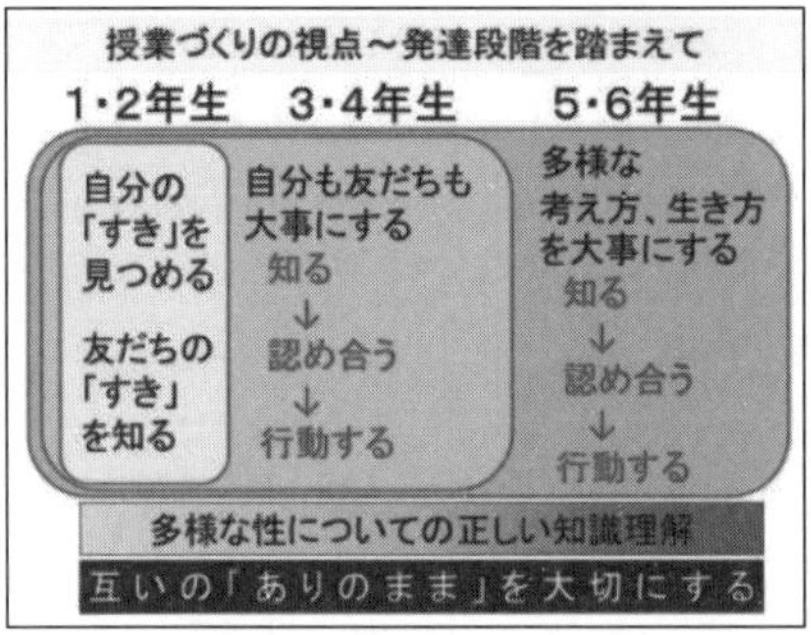

資料３　授業作りの視点

二　作成上の留意点

　作成をしていく上で留意したことは、義務教育九年間を通じた意図的・計画的な指導を行うことである。そのために、本手引きを活用する教職員が認識を深め、実践できるよう「一　認識を確かなものに」「二　豊かな学びを」「三　学習資料」の三部構成にした。

　「一　認識を確かなものに」においては、本市における課題の認識をもとに経緯と展望をまとめている。

　「二　豊かな学びを」においては、小学校から中学校、さらには高等学校までの発達段階に応じた指導展開例をまとめている。具体的には、小学校においては、自分や友達をじっくり見つめることを通して、自己理解や他者理解、多様性の理解を促すこと、そのための想像力や価値観等の育成を十分に行うことが大切である。その素地のもとに、多様な性の在り方と性の多様性に関わる人権課題に出会わせる。

　中学校では、人権を侵害する言葉と人権を実現する言葉について考える学習、性の多様性について考える学習、自己開示や自分の生き方について考える学習を行う。中学校3年生で用いた資料「私のライフストーリー」は、糸島において性の多様性に関わる取組の出発点となった眞野豊さんの体験に基づく手記である。この学習を通して、自他の人権を守る実践的な行動につながる意欲や態度を培う。そして、これらの指導が、高等学校へとつながると考える。

高等学校では、日常生活で起こり得る事象を題材とし、問題意識を確かにしながら知識と人権感覚を高める取組を行っている。自己実現に向け「自分らしさ」を見失わずお互いの「自分らしさ」を認め合うことが、よりよい関係づくりを可能にすることを確かめさせている。具体的には、題材（単元）一覧表に示す（表1）。

指導を行う上で、体験と出会いを通して学び、それを自分の生活と結びつけて考えること、教師も含め互いに語り合うこと（シェアリングを含む）が重要である。また、多様な性について理解し、大切な人、大切ないのちを守るとともに、「性的指向及び性自認（ＳＯＧＩ）は一人一人がもつ人権である」という認識のもと、目の前の子どもの実態から授業を創造し、豊かな学びを積み重ねていく必要がある。

「三　学習資料」においては、教職員が性の多様性に関する認識を確かなものにするための資料をまとめている。

三　実践例

■一年生（学級活動）「わたしのすきなもの」

自分の「すき」がいっぱいつまった「お気に入りのベスト」（図画工作科で作成したもの）を着て、自分の好きなものを紹介した。その中で、好きなものを伝える嬉しさや友達に受け止めてもらう心地よさを味わい、「好きなものを好きな自分」を肯定的にとらえることができた。

■二年生（道徳科）「すきを見つめよう」

前時に、福岡県人権教育学習教材集「あおぞら」を使って、さまざまな色の中から自分の好きな色をみつける

表１　人権教育の手引き３に掲載している題材（単元）一覧

学年	題材名(単元名)	ねらい
小学校 １年生	わたしの すきなもの	自分のすきなものを肯定的に受け止められる心地よさを感じ、自分を認める態度を育てる。
	ランドセルの 色は？	女の子の色、男の子の色という通念にとらわれず、自分らしさが大切であることに気付く。
小学校 ２年生	すきを 見つめよう	自他の「好き」という思いを大切にするよさを考え、違いを肯定的に受けとめたり認め合ったりする態度を育てる。
	黄色い キャンディー	色は男・女で決まっているわけでなく、単に分けるために使っているだけで、自分らしさが大切なことに気づく。
小学校 ３年生	花の好きな牛	相手の言動から思いを受け止めて認め合うことの大切さを感じ、多様な考えをもつ人を多面的に認めようとする態度を育てる。
	男の子と女子は 同じかな？	自分のまわりや社会には、男女の役割に対する固定した考えがあることに気づく。
小学校 ４年生	10000着の ドレス	社会には様々な感覚や考えをもった人がいることに気付き、互いを尊重し合う大切さやつながるためにできることを考える。
	わたしの 仕事	仕事に対してもっているイメージ（女の仕事・男の仕事）について考えることができる。
小学校 ５年生	心の健康	不安や悩みは一人一人異なることや、その対処法が多様にあること、自分に合った方法を考えていく大切さを理解する。
	ちがいの ちがい	生活の中にある男女の区別や差別について考え、当たり前だと感じていることの中に、人権問題があることに気づく。
小学校 ６年生	自分らしく 生きる	様々な性の在り方を理解するとともに、誰もが自分らしく生きることができる社会について考えることができる。
	自分の心を見つめよう ~女だから・男だから	子どもたちが感じている「女らしさ・男らしさ」について考え、生活のなかにある男女の区別や差別について考える。
中学校 １年生	ことばについて 考えよう	言葉の大切さや重みについて理解し、自分を含め、“人を大切にするため”に言葉を使っていこうとする態度を身に付ける。
中学校 ２年生	多様な性って 何だろう？	多様な性について学び、様々な見方や考え方、個性や生き方があることを理解し、自他を尊重しようとする心情や態度を育てる。
中学校 ３年生	私のライフ ストーリー	自他の性的指向や、性自認の権利を守り共に生きていくために必要なことを考え、悩みに寄り添っていこうとする心情や態度を育てる。
中学校	自分らしく生きるために (Like a rainbow)	多様な性について学ぶことを通して、様々なものの見方や考え方、個性や生き方があることを理解し、自他の個性や立場を尊重しようとする心情や態度を養う。
高等 学校	「マイノリティ」から 「アイデンティティ」へ	認識不足、共感力不足からくる差別と、その背景にある課題を克服するために、問題意識を確かにし、知識と感性を高める。

学習を行い、「自分を見つめる」時間とした。その後、自分の好きな色で花をつくり、互いの花を紹介した。子どもたちは、「みんな好きな色をもっているんだな。」「もっと仲よくなるために、たくさん話し合ったり助け合ったりしたい。」という感想をもった。

■三年生（道徳科）「花のすきなうし」

資料には、花のにおいをかいでいるのが好きな闘牛フエルジナンドが登場する。子どもたちは、「ありのままのフェルジナンドのことを認め、やさしく声をかける母の姿」から、相手のことを知るだけでなく、認めること・励ますこと・思いやることが大切だと考えた。

■四年生（道徳科）「一〇〇〇着のドレス」

資料には、「きれいなドレスを着てみたい」という思いをもつ男の子・ベイリーと、その思いを受け止め、一緒にドレスをつくるローレルが登場する。子どもたちは、「ベイリー自身の思いを大事にするローレルのすばらしさ」に気付くことができた。そして、ベイリーに宛てた手紙に、「ドレスがすきって、すてきなことだね。これからもローレルと一緒にドレスをつくってね。すきなことをやってね。」と書いていた。

■五年生（体育科）「心の健康」

子どもたちの様々な心と体に関する不安や悩みに出会い、どんな対処の仕方があるのかを考えた。学習では、個性が一人一人違うのと同じで、不安や悩みも違うこと、それらの対処法は複数あることや人それぞれで対処の仕方が違うことを理解することができた。

■六年生（総合的な学習の時間）「自分らしく生きる」

当事者の方から話を聞き、性のあり方は一人一人違いそれを互いに尊重しあうことの大切さを学んだ。その後、中学生が作成した放送番組を視聴し、誰もが自分らしく生きることができる社会にするために、自分たちにできることを考えた。

■保護者・地域・中学校区教職員への発信

授業公開後の保護者・地域懇談会の中で、「学習をきっかけに『その人』を見ることを身に付けてほしい」「小さな声に気付くことができる大人になりたい」という感想が寄せられた。また、授業公開を通して、保護者・地域の方々の性の多様性に関わる人権課題への関心が高まり、確かな認識を促すことができた。さらに、中学校区公開授業後の協議会では、具体的な子どもたちの発言を通して授業を検証することができた。性の多様性は個性の一つであり、大切なのは個性を大切にする児童生徒及び集団を育てること、校区の小中学校で九年間を見通した取組を進めることを確かめた。以下は、保護者・地域懇談会、協議会後の参加者の感想である。

○ 自分の思いとともに他の人の思いも受け入れることができる心の広い子どもになってほしい。人間関係をつくっていく上で「一番根っこにこの授業のことがあるのだ」と気付いてほしい。〔保護者〕

○ せっかく柔軟に受け入れている子どもたちの考えを、私たち大人が変えてしまうことがないようにしていかなければいけないと感じた。〔保護者〕

○ トイレの区別、色の使い方、制服の問題、予備知識がなく参観したが、男女共同参画の視点からも、LGBTを学んでいく意味があると思うし、今からスタートしていきたい。〔地域住民〕

○ 小学校では、人はちがって当然ということを受け入れる素地をつくり、中学校では、その素地を個別の人権課題の解消へとつないでいくことの大切さを確認することができた。〔中学校区教員〕

四　今後の方向性

社会は大きく変わりつつある。メディアにおいては性の多様性に関わる情報が広く発信されるようになり、性的指向や性自認（SOGI）を人権とする施策が講じられてきている。また、東京オリンピック・パラリンピックの開催を前に、国際的な人権の潮流を受けて、法の制定も求められている。その一方、学校教育においては、性の多様性を理解し、ともに生きるための具体的な実践は進展していない現実がある。

『人権教育の手引き3』作成実行委員会が発足した当初は、手探りの状態で、各学校の実践を紹介したり、委員それぞれの出会いや学びについて議論したりするところからの出発だった。実行委員会を重ねるなか、研究者であり実践者でもある眞野豊さん（日本学術振興会特別研究員ＰＤ）から提言や助言を受けて、貴重な学びができたと考える。

今回、『人権教育の手引き3』を発刊したことは、あくまでも出発点である。各学校・地域において、事実に基づく議論と実践が積み上げられることを期待する。その際、当事者と非当事者にかかわる学習の目的や手立て、配慮等を明らかにして実践することが求められる。今後も、刻々と変化する情勢にも対応し、認識を新たにしながら取り組んでいくことが私たちの責務である。

※　本稿においては、性のありようをグラデーションでとらえることにより、多様であることを理解できるようにしている。そう考えるならば、マイノリティ、対立概念としてのマジョリティという区分は成立するものではない。しかしながら、個別の人権課題としてとらえる観点から、表記上は性的少数者、あるいは性的マイノリティとしている。

（いとしましきょういくいいんかい）

特集　ＬＧＢＴＱ教育は今　―環境づくり―

大学におけるＬＧＢＴＱ＋の学生のサポート・取り組みを有意義にするために

佐賀大学ＣＡＲＡＳＳ代表　健崎　まひろ

一　はじめに

平成三〇年九月一日から二日にかけて、福岡県春日市の福岡県男女共同参画センター「あすばる」にて、『キャンパス・セクシュアル・ハラスメント全国ネットワーク・第二四回全国集会in福岡』が開催され、二日目の分科会一にて、「大学における性的マイノリティ支援――大学に求められる具体的施策」と題し、北部九州で活動する九大セクマイサークル[1] arcus（あるくす、九大）、福岡教育大学ＬＧＢＱサークルにじいろ、福岡県立大学Rainbow Garden' Stonewall Japan及び佐賀大学サークルＣＡＲＡＳＳの五つの大学サークル及び団体の共同でサークル内の学生へのアンケート調査を報告、またＬＧＢＴＱ＋の学生に対するハラスメントについて検討し、最後に参加者の方々にＬＧＢＴＱ＋の学生が安心して過ごせる大学にするためにどのようなことができるのかを議論してもらった。

また、その後のシンポジウムでは、「大学におけるダイバーシティ政策と完成キャリア・プラン――性的マイノリティ支援と『家庭教育』政策」と題し、西南女学院大学の倉富史枝氏、立命館大学の二宮周平氏と私、健崎まひろで、ダイバーシティが提唱され多様な性のあり方への権利保障が求められ、大学においても取り組みが求められ施策が進められている一方で、結婚と出産を奨励する動きもあり、ハラスメントを誘発する懸念や問題の所在を取り違えさせる懸念が指摘されており、今回の全国集会で分科会一やその他の企画の議論を踏まえて、この状況や問題点を整理し、あるべき支援の方向性を検討した。[2]

本稿は、私がシンポジウムの中で「大学における（LGBTQ＋の学生の）支援施策を有意義にするために――ミスマッチを防ぐ視点から」と題して述べたものを中心に、分科会一でのハラスメントや、シンポジウムの中で参加者から出た疑問点や提案を含めて再構成したものである。冒頭、LGBTQ＋や性的マイノリティに関する基礎的な部分をまとめているので、適宜読み飛ばしていただきたい。

二　多様な性のあり方とLGBT

（一）性を考える四つの視点

既存の社会では性別は「男性」と「女性」のみであるという性別二元論がいまだに残っている。そこで今回は、私が性の多様性について考えていくときに提示している、「性自認」「性表現」「出生児に割り当てられた性」「性的指向」という四つの視点[3]を述べていこう。

性自認（Gender Identity）とは、自分が考えるジェンダーのことで、自分が男性である・女性であると思う人がいれば、男性でも女性でもある、ちょうど真ん中くらい、どちらでもないなど様々なアイデンティティがある。ここでは生物学的性（Sex）とは区別される。

性表現（Gender Expression）とは、髪型や服装、仕草、言動などその人が男性的に見えるのか、女性的に見えるのかを客観的に考えたものであり、ロングヘアの男性やパンツをはいている女性もいるように、どちらの要素も持っている人や、昨今耳にするジェンダーレス男子のように中性的な人もいる。また、ショートカットでパンツをはいている女性がみな自分のことを男性だと思っているわけではないように、性表現と前述の性自認が一致しているわけではない。

出生時に割り当てられた性（Sex Assigned at Birth）とは、その名の通り子どもが生まれた際に助産師や産科医がその子どもの脚の付け根にペニスがあるかどうかで判断された性別で、それが出生届に反映され戸籍上の性別として登録される。現在の日本では、男性と女性のみであるが、欧米諸国では、インターセックス（後述）の子どもに対してはその他の選択肢を導入している国もある。なお性別適合手術を受け戸籍上の性別（Legal Sex）を性自認の性に訂正した場合、戸籍上の性別と出生時に割り当てられた性が異なる。

性的指向（Sexual Orientation）とは、人を好きになる・ならないという概念で、異性を好きになる人・同性を好きになる人や好きになる相手の性別は問わない、あるいは恋愛感情を感じない、性的欲求を抱かないなどさまざまである。単なる好き嫌いの趣味嗜好とは異なり、「指し示す」意味の「指向」であることに気をつけてもらいたい。

（二）ＬＧＢＴとそれだけでない様々な性のあり方

最近ニュースや新聞などのメディアで見聞きする「ＬＧＢＴ」。そもそもどういう意味であるのだろうか。まず、ＬＧＢＴとは、Ｌ：Lesbian レズビアン（女性を好きになる女性）、Ｇ：Gay ゲイ（男性を好きになる男性）、Ｂ：Bisexual バイセクシュアル（男性も女性も好きになる人）、Ｔ：Transgender トランスジェンダー（身体的な性に違和感を感じる人やそれと異なる性で生きたり、生きることを望んだりする人）の頭文字をとっており、現在では性的マイノリティと言われる人たちの総称としても使用されている。

ここで考えてもらいたいのは、メディアでは「ＬＧＢＴ」とひとまとまりに考えられており、時々「ＬＧＢＴの人」という表現を耳にするが、「ＬＧＢ」は「性的指向」の考え方、「Ｔ」は性自認の考え方であり、あくまで代表的なセクシュアリティをかいつまんで並べた総称に過ぎないということだ。

また、前述した「性自認」を尊重するという視点から、レズビアンやゲイの性別を性自認の性別、すなわち性自認が女性で女性を好きになる人をレズビアン、性自認が男性で男性を好きになる人をゲイという表現がより好まれるだろう。なお、性的指向において、異性を好きになる人をヘテロセクシュアル（Heterosexual）といい、これまで普通・当然と考えられてきた異性愛も、あくまで一つの性のあり方と考えられないだろうか。

さらに、ＬＧＢＴの他にもＬＧＢＴなどのセクシュアリティを決めない人、決めきれず考えている人を指す

Ｑ：Questioning クエスチョニングや染色体がＸＸもしくはＸＹ型以外である、性染色体は女性であり精巣を有しているなど、出生時に身体的な性が男性と女性に明確に区別できない人を指すＩ：Intersex インターセックスなど様々なセクシュアリティがあり、大学生を含めて思春期・青年期の学生生徒は、明確にセクシュアリティを決めきれず、迷っていたり流動的であったりする場合が大人に比べて多いということは、ぜひ知ってもらいたい。そこで、広くメディアでは「ＬＧＢＴ」、そのほかにも「ＬＧＢＴＱ」や「ＬＧＢＴＩ」などの表現が使われることもあるが、本稿ではクエスチョニングというセクシュアリティや、ＬＧＢＴＱに当てはまらない様々なセクシュアリティがあることを伝えたいため、「ＬＧＢＴＱ＋」という表現を用いることとする。

（三）性自認とトランスジェンダー

トランスジェンダーを指す言葉として、日本で一般的なものが「ＦｔＭ」と「ＭｔＦ」である。前者は、「Female to Male（女性から男性）」を意味し、出生時に割り当てられた性が女性で、性自認が男性のトランスジェンダーを、後者は、「Male to Female（男性から女性）」を意味し、出生時に割り当てられた性が男性で、性自認が女性のトランスジェンダーを指す。しかし、本人の性自認を尊重するという視点から、前者を「トランス男性」または「トランスジェンダー男性」と、後者を「トランス女性」または「トランスジェンダー女性」という表現も少しずつ広まりつつあるため、ぜひこの表現を用いてもらいたい。もっとも、単に性自認に合わせて前者を「男性」、後者を「女性」と言うとよりよいのではないだろうか。

そのほか、男性や女性などとはっきり決めきれない「Ｘジェンダー」と言う人もいて、「ＦｔＸ」や「ＭｔＸ」という表現もある。なお、出生時に割り当てられた性と性自認が異なる、違和感を感じる人をトランスジェンダーと言うのに対して、出生時に割り当てられた性と性自認が同じ人をシスジェンダー（Cisgender）という。

無論、トランスジェンダーの性的指向も様々である。トランス男性であり、男性を好きになる、トランスジェンダーかつゲイの男性も、トランス女性であり、女性を好きになる、トランスジェンダーかつレズビアンの女性も、あるいはバイセクシュアルや恋愛感情を持たないトランスジェンダーの方もいるので、トランス男性は女性が好き、トランス女性は男性が好きであるという思い込みは禁物である。

加えて、トランスジェンダーの学生で高校卒業まで戸籍上の性別で生きていて、大学入学後に少しずつ性自認の性に近づいていくような場合、初めは性自認と性表現が一致せず、徐々に一致していく、いわゆる移行期というものがある。特に大学においてLGBTQ+の学生のサポートをする際には、ぜひ知っておいてもらいたい。

（四）LGBTからSOGI・SOGIEへ
——第三者視点から当事者視点へ

LGBTやLGBTQ+など様々な表現がある一方で、近年「SOGI」という表現が使われるようになってきた。SOGIとは、Sexual Orientation and Gender Identity の頭文字をとったもので、「性指向と性のアイデンティティ」と訳される、いわゆる全ての人が、それぞれの性自認、ジェンダー・アイデンティティと性的指向を持っているという考え方で、性的マイノリティ当事者の支援というニュアンスがあるLGBTなどの表現に対して、SOGIは誰もが多様な性の当事者であるという考え方である。

そこから派生して、性表現（Gender Expression）を加えたものが「SOGIE」である。

三　SOGIEに関するハラスメント

以下の記述は、分科会一にて共同で発表したものであり、私を含め登壇および準備に関わった学生が検討を行なった「SOGIEに関するハラスメント」について、本稿の主題である、大学において有意義なLGBTQ+の学生のサポート・取り組みをするための検討で必要な部分のみを取り上げ、まとめたものである。

LGBTQ+の学生が受けるセクシュアル・ハラスメントには、既存の、とりわけシスジェンダー・ヘテロセクシュアルのみを想定したセクシュアル・ハラスメント、すなわち男性から女性に対して行われ、性自認や性的指向の概念を含まない、または明記されていないものの中で起こるものと、LGBTQ+であるために受けるものがある。さらに、LGBTQ+への偏見や差別、不十分な制度や設備の問題があるために起こるハラスメントや、そのためにハラスメントがより深刻化する可能性もある。

すなわち、LGBTQ+の学生が受けるハラスメント被害を特別視するのではなく、ハラスメント、とりわけセクシュアル・ハラスメントの問題全体の共通点を踏まえて、LGBTQ+の学生を取り巻く環境などと関連づけて問題を検討していく必要があるのではないだろうか。

では、LGBTQ+の学生を取り巻く問題について以下の四つが挙げられる。まず、差別や不当な対応による被害である。例えば、飲み会の席でゲイを笑いのネタにすること、LGBTなどについて否定的な発言をすることなどがこれに当たる。また、ここで忘れてほしくないのが、二〇一六年に起きた一橋大学法科大学院生のアウティングによる自殺事件である。アウティングに対して問題視されたことは言うまでもないが、ここで大きく問題になったのは、大学側の対応である。当該学生が同性を好きであることに対してアウティングされたにも関わらず、相談を受けた大学側が性同一性障害について扱うクリニックを紹介した点に疑問の声が上がっている。このことから、LGBTQ+の学生が相談を受けた際に適切に対応ができていない現状を改善すべきである。

二つ目は、不十分な設備や制度による被害である。例えば、トイレやシャワー、更衣室などが男女のみしか設置されていないという問題、多様な性を知るきっかけとなる文献が図書館などに置かれていないというリソース不足の問題などがこれに当たる。さらに、通称名が使用できず、学生名簿に書類上の性別が記載されているために、不適切な対応を受けるトランスジェンダーの学生も多い。性表現が性自認と異なる場合には、不快感を抱き、いわゆる移行期を過ぎ、性表現が性自認に近づいたために、性表現と書類上の性別が異なるトランスジェンダーの学生が、書類上の性別で扱われる場合は、不快感を抱くだけでなく、周囲の混乱も招く恐れがある。トランスジェンダーである筆者も実際に大学で経験したが、教員が出席などをする際に、書類上の性別と性表現が異なるために大勢の学生の前で戸惑い、本人であることを確認するなどということは、あってはならないし、それがアウティングにつながる、すなわち当該学生がトランスジェンダーであることを暗示することになるのではないだろうか。

三つ目は、想定されていないために起こる被害である。例えば、異性を好きになる前提の会話、男性にどんな女性が好きかを、女性に彼氏がいるのかを尋ねることや、くん・さんを分けて名前を呼ぶなどがこれに当たる。くん・さん分けに関して、大勢の学生を授業で扱う大学の講義において、氏がかぶる際に男女で分けて呼ぶことで簡略化できるため一定の合理性があるという意見を聞いたことがある。しかし、一定の合理性のために少ないとはいえ、必ず存在しているトランスジェンダーの学生を無視してもよいのだろうか。また、現在は小中高の初等・中等教育においても男女混合名簿が浸透しており、福岡県内の公立小学校・公立中学校ともに九五パーセントを超える学校で男女混合名簿を使用し、佐賀大学のある佐賀県でも四五パーセントの小学校が、一三パーセントの中学校が、同様で、都市を中心に広がっている[4]。また、男女問わず全員さん付けをする学校も増えており、今後男女混合名簿・全員さん付けで小学校から高校までを過ごしてきた生徒が大学に入学してきた際に、違和感を感じるに違いない。というのも、佐賀県内で男女混合名簿・全員さん付けで小学校を過ごした児童が、中学校に上がったタイミングで男女別名簿、くん・さん分けで名前を呼ばれることに違和感を感じているという声がある。

さらにこれらの問題に加えて、今回の分科会一で報告したことが、「『問題』を『問題』として認識していないという問題」である。すなわち、LGBTQ＋の学生にとって、SOGIEに関するハラスメントが当たり前すぎているため日常だと感じてしまい、さらに大学も社会もSOGIEに関するハラスメントを問題視していないために、本来「ハラスメント」であり「問題」である行為を、学生本人が「問題である」と認識していないという点は、大いに問題ではないだろうか。

四　LGBTQ＋の学生が安心して過ごせる大学にするために

先に述べた、SOGIEに関するハラスメントがなくなり、LGBTQ＋の学生を取り巻く環境が改善し、安心して学べる大学であるためには、各大学の取り組みが必要不可欠である。その一方で、取り組みが先行して、実際にLGBTQ＋の学生が利用できないものになってしまうのは、相互にとっていい動きとは言いがたい。

そこで今回は二点、トイレ・更衣室の問題と、通称名の使用に関して述べていきたい。

(一) トイレ・更衣室について

単にLGBTQ＋の学生が利用しやすいトイレをたくさん設置すれば問題は解決するのだろうか。答えは、否である。トイレや更衣室というのは、LGBTQ＋の学生に限らず、障がいをお持ちの方・車椅子を使用されている方、子ども連れの方などすべての人が気持ちよく利用できるものでなければならない。

以前は、車椅子の方が利用しやすいように広く、手すりのついた「車椅子マーク」を標識とするいわゆる身障者用トイレが設置されていたが、そのほかオストメイトや乳幼児を連れた方のための多目的トイレから、最近では「みんなのトイレ」として「どなたでもご利用いただけます」という文言があり、大きなキャリーケースなどの荷物を持った方が利用できるなど、誰でも利用できるようになった。広いトイレがいいということで、みんなのトイレを利用する人もいるだろう。

では、すべてのトイレを個室化してみんなのトイレを設置する——ということは、すべてのトイレを男女問わず利用できることになり、例えば盗撮などの性犯罪の被害が起こりやすくなるという問題も生じる——と解決する問題でもないようだ。では、現在みんなのトイレを設置している環境で多いのは、男性用トイレと女性用トイレがあり、その間若しくは周辺にみんなのトイレがある形だろう。

では、多くの人が利用する駅やビルなどの公共の建物についてはいったん除外し、大学において考えてみると、公共施設に比べて顔見知りまたは知人友人とすれ違うことが多いはずである。そうすると、建物の入り口から一番近く、休み時間になれば誰もが通るような廊下の真横に男性トイレ・女性トイレとみんなのトイレを設置するとどうだろうか。セクシュアリティをオープンにしていない学生は、みんなのトイレに出入りする際に、知人友人とすれ違うかもしれない。そのようなリスクのあるトイレを安心して使えるだろうか。

一方で、建物の奥の、誰も滅多に通らないような場所にトイレを設置すると、犯罪が起こる可能性が高くなるという刑事政策の観点がある（今回のシンポジウムでいただいたご質問ご感想の中にあったため、本稿で触れておく）。

双方を考えて、私が考えたものが、ショッピングセンターなどはこのタイプを用いているところをよく見かけるが、建物の奥ではなく比較的手前の位置で、廊下の途中にトイレ全体の入り口（ドアはなくても良い）があって、トイレだけがこの先あるような小さな通路を通った先に男性トイレ・女性トイレ・みんなのトイレが設置されているタイプである。トイレがメイン廊下に面しておらず、ワンクッションおくことで、トイレを利用する人だけがトイレの真横を通るために安心感が増しつつ、建物の奥に設置するわけではないため防犯面もカバーできるのではないだろうか。

なお、更衣室の問題に関して、より難しい問題であるが、最近ではフィッティング・ボードを設置したみんなのトイレがあり、それを利用して更衣ができるなど工夫されたトイレも広まっている。

これはあくまで個人的な見解であるから、おそらく耐震構造上の問題や建設費用の問題、さらには本稿では触れなかった犯罪発生可能性を含めた刑事政策上の問題などを踏まえてそれぞれの大学でより深い議論になることを期待するところでとどめておく。

（二）通称名の使用について

まずここでは、戸籍上登録されている名に対して、特にトランスジェンダーが自分の性自認に応じたものなど日常的に使用している名のことを通称名とし、本稿では婚姻により氏を変更した妻または夫が日常的に旧姓を使用することは含まない。
通称名を使用したい――それはどういう理由からだろうか。戸籍上の名は変更する制度は存在するが、実際に名を変更するには、ハードルが高いために、通称名を使用する、また通称名を使用することで、使用実績を作り、戸籍名変更をする、さらには在学中は戸籍名の変更は難しいため就職して社会人になってから変更したいが、就職の際に通称名を使用して就職するために学生のうちから通称名を使用していたい、など様々な理由があるだろう。

　現時点で大学が通称名使用の制度を策定していなかったとしても、各授業担当の教員に個別で事情を説明し、通称名を使用することを許可してもらうなどすることもできる。では、現実的に可能なのか。およそ四年制大学の卒業に必要な単位数は一二〇～一三〇程度とし、単純計算で（履修した授業の単位を全て取得したとしても）四年間で六〇～七〇の授業科目を受けるとすると、すべての授業担当教員に個別相談する、しかも授業開講前にすることは現実的には不可能だろう。無論、すべての教員が男女問わずさん付けをし、フルネームで呼ばす、書類上の性別を必要としない授業内容であれば問題ないのであるが……。

　では、仮に申請により通称名を使用できるようにしたら問題解決なのだろうか。トランスジェンダーに限らずLGBTQ＋の学生が悩む問題として大きいのが、家族、とりわけ親へのカミングアウトではないだろうか。友人には、先輩には、兄弟には…学生によってその大変さは異なるが、友人などの他人へのカミングアウトと、兄弟や親といった親族家族へのカミングアウトとはワケが違う。ここで考えてもらいたいのは、大学生の多くは親が保証人・学資負担者となっている点である。大学内で通称名を使用できるようになったとしても、親や親族にカミングアウトできていない学生であれば、通称名を使用して書類が作成され、親などの保証人宛に届くとどうなるだろうか。およそ、親などの保証人は自分の子どもの名が誤りであることを訂正する連絡をし、それに大学側が学生本人から性別違和を理由に通称名の使用申請があり許可をした旨を伝える――これがアウティングである。

　では、その可能性を避けるために親などの保証人の同意を義務付けるのか。現行民法下では二〇歳以上（二〇一八年改正二〇二二年施行民法では十八歳）の自然人は原則（制限行為能力者として法定代理人が付されている場合を除く）行為能力者として単独で法律行為をすることができるため、大学生とはいえ親などの保証人に同意を求める必要があるのだろうか。大学としても「保護者」、いや、正確には親などの保証人とのトラブルは避けたいであろう。だが、もし親などの保証人の同意を求めるものであれば、もし書類が万が一親などの保証人の元に届く可能性があるのであれば、実際に通称名を使用したい学生のうちどれだけの学生が安心して申請できるのだろうか。

もう一つ、申請の要件として「性同一性障害の診断書」を加えるかどうか議論すべきである。性同一性障害と診断されるまで強い性別違和を感じる人から、稀に違和感を感じる程度までトランスジェンダーの性別違和の強さは様々である。また男性の気持ちが強くなったり女性の気持ちが強くなったりと変化するジェンダー・フルイディティという性のあり方もある。もちろん不必要に、不正に使用するために通称名の使用許可をしてはならないが、厳しい要件を求めることで実際に必要としている学生が利用できない制度になってはならない。

通称名の制度導入に関しても安易にできるわけもなく、様々なリスクマネジメントをしつつ議論を進める必要がある。通称名使用の制度を導入した大学の規定を参考にするなどし、それぞれの大学でさらに検討を重ねてもらいたい。

(三) LGBTQ+の学生が安心して過ごせる大学にするために

このように、主にトイレと通称名の使用について検討をしてきたが、他にも教員の対応といったソフト面の課題、学生間の知識不足による差別発言など様々な問題がある。

その一方で、学内のトイレ一箇所だけでも「みんなのトイレ」と表記してLGBTQ+の応援カラーである、赤・橙・黄・緑・青・紫の六色の「レインボー」シールを貼るだけでも、その大学に通うLGBTQ+の学生が前向きに大学生活を送るきっかけになるのではないだろうか。

五 結び——大学におけるLGBTQ+の学生のサポート・取り組みを有意義にするために

本稿では、まずLGBTに関して基礎的な部分について述べ、大学におけるハラスメントについて検討し、トイレと通称名の使用の二点を取り上げて現状と問題点や改善に向けて述べてきた。

ここで改めて考えてもらいたいのは、「制度は、利用者あってのものである」。膨大な費用をかけて、多くの議論を重ねて実行した制度であっても、当該学生が安心して利用できないのではもったいないのだから、利用する側の意見などを踏まえながら有意義な制度づくりをしてもらいたい。

最後に本稿が、これから進むであろう大学におけるＬＧＢＴＱ＋の学生のサポート・取り組みがより良いものとなるきっかけになることを願って、締めくくるとする。

※これはあくまで私、健崎まひろの個人的見解でありますが、最後までお付き合いいただきありがとうございました。本稿に対するご意見ご感想ならびにご批判に関しては、私宛のメール（mahirokenzaki@gmail.com）までお願いいたします。

（けんざき　まひろ・佐賀大学経済学部二年）

注

1 特にＬＧＢＴＱ＋の学生の居場所づくりやサポートを行う学生団体

2 キャンパス・セクシュアル・ハラスメント全国集会ホームページより

3 "The Gender Unicorn" by Trans Student Educational Resources

4 二〇一八年九月四日、毎日新聞「混合名簿 宮崎の小中学校で急増 地域に戸惑いも」

特集 LGBTQ教育は今 ―教育実践―

無難な「LGBTQ教育」のすすめ

～「Like a Rainbow」を活用した授業の提案と実践における留意点～

FRENS代表　石 崎 杏 理

はじめに

「男の子と男の子って結婚できると？」

幼いその声に思わず目を向けました。昼下がりのファミリーレストラン。隣のテーブルの五歳ぐらいの子どもが親だと思われる同伴のおとなに尋ねたのです。なんて答えるんだろうと、私は期待と不安の入り混じった気持ちで密かに耳をすませました。

「そんなんできるわけないやん」

一言でした。それでその話は終わってしまいました。あの子は、どんなことがきっかけでその質問をして、今どんなことを思っているのだろうと思いながら、私は隣のテーブルで目を閉じました。

ある小学校で実施された、一年生の児童達に「王さまと王さま」という絵本の読み聞かせを行う実践を見せてもらった時のことを思い出します。恋に落ちた王子様と王子様が結婚式を挙げる場面が開かれた時、一人の子どもが言いました。

「できんよ！」

すると間髪いれずに他の子どもが声を上げました。

「外国ではできるよ」

あのファミリーレストランにいた子どもは、もしかしたら好きな男の子がいて、他の子ども達が好きな人と結婚したいと話しているのを聞きながら、自分もその子と結婚したいと思っていたのかもしれない。それで、尋ね

た時に身近なおとなからできるわけないと言われてしまったのかもしれない…そんな可能性を想像していました。もし、あの時

「今は日本ではできないことになってるけど、できる国は増えてきとるよ。日本でもあなたが大人になる頃にはできるようになっとーかもね」

と、そんなふうな話ができていたなら、それは、「男の子が男の子を好きになる」ということに関する価値観に、全く違う影響を与えただろうと思います。

ここ数年で、小学校における性の多様性を扱った授業実践は広がってきており、特に低学年で実践した先生のほとんどが

「早ければ早いほどいいんですね」

と、おっしゃるのが印象的ですが、全くもってその通りだと思います。

かなり幼い子ども達でさえ、すでに性の多様性に対する偏見をもっています。しかし、子ども達のもつ偏見は、まだ柔らかく、変容しやすいものなので、早い段階で性の多様性に慣れ親しむことのできる絵本の読み聞かせなどの実践は意義深いと感じています。

「Like a Rainbow」を活用した授業実践の提案

田川市立金川中学校放送部が製作した放送番組「Like a Rainbow」は、教材として活用した場合、性の多様性の基礎知識や、私を含む三人のおとなへのインタビューを通し、性の多様性に触れ、考えるきっかけを作ることに適しています。福岡市教育委員会が発行している人権教育副読本の「ぬくもり中学校版」にもDVDディスク付きで掲載され、二〇一八年度から福岡市内でも活用されています。もし授業や研修などで活用したい場合は、田川市立金川中学校に連絡し、送料を負担すればディスクを送付してくださるそうなので、ぜひご活用ください。

今回は、この「Like a Rainbow」を活用した実践のイメージをより多くの方に持っていただき、性のあり方（性的指向、性自認、性別表現、身体の性的特徴）への差別を主題とする人権教育が広がり、発展していくことを願い、授業の内容や留意点等を提案していきたいと思います。

授業実践にあたって留意するポイント
■学級の中のＬＧＢＴＱの子ども達が授業中、授業後にどんな気持ちになるか
■意図せずに発信してしまうメッセージ

もしあなたが学校の先生であるなら、お尋ねします。あなたが関わっている子ども達の中にＬＧＢＴＱの子ども達がいることを感じられていますか？

「まだ児童生徒からカミングアウトを受けたことがないんだよねぇ…」とか、「そもそもＬＧＢＴＱの人達が身近にいると感じたことがなくて…」といった場合は、もしかしたらあなたが関わる児童生徒の中にＬＧＢＴＱの子ども達がいることを感じたり、想定したりすることを難しく思うかもしれません。

しかしそういった場合にも、目の前の子ども達の中にも「きっといる！」ということを何度も繰り返し自分の中に意識付け、その子ども達がどう感じるかを想像していただけたらと思います。

「うちのクラスにいる（であろう）ＬＧＢＴＱの子ども達は、授業のこの部分を、この発問をどんなふうに感じるかな…？」を、実践作りの観点の大切な一つとして最初から最後まで忘れることなく考えてみましょう。学級の中にいるＬＧＢＴＱの子ども達が受けていて辛い気持ちになる実践は、全ての子ども達にとっても学習効果の低いものである場合が多いからです。


「意図せずに発信してしまうメッセージ」とは、ここでは「全然そんなつもりはなかったのに、よくないものを結果的に子ども達にもたらしてしまう言い方や学習内容」としてお伝えしようと思います。

例えば、レズビアンのことを話す場合の言い方として二つ挙げてみるので、印象の違いについて考えてみてください。
①「レズビアンは、性自認が女性なのに、女性を好きになる人達だよ」
②「レズビアンは、性自認が女性で、女性を好きになる人達だよ」
このように、「なのに」や「だけど」を使うと、「本来はそうじゃないはずなのに…」というニュアンスが込められてしまい、性の多様性を大切に伝えたかった思いが子ども達に届かなくなってしまう可能性があります。授業中の言葉は、どの性のあり方も本来は平等ですばらし

いものであるという価値観を根底にもって選び、滑らかに話せるように、実践の前にこそっと練習することをお勧めします。

さらに言うと、先生自身が性の多様性をどのように感じているかが、言葉の細かな端々や話すトーンなどににじみ出てしまうものです。これまで私達はみんな性のあり方に関する誤解や偏見や、ＬＧＢＴＱを馬鹿にしたり笑い者にしたりする価値観をシャワーのように浴びながら育ち、生きてきました。そのため、誰しもがそのような価値観を自分の中にもってしまいます。トランスジェンダーでパンセクシュアルである私自身もそうです。しかし、自分の中に偏見があると気づいた時、私達は「それをそのまままもち続ける」か「それをほぐして自分の中から押し出していく」かを選ぶことができます。もし自分の中に偏見や、性の多様性に対する嫌な気持ち、どこか違和感をもっていることなどに気づき、それをほぐして押し出していきたい！と思った時には、

・もっと知っていくために、様々な人が参加出来るイベントや学習会に参加したり、書籍やインターネットで調べてみたりする

・身近に生きる人間であることをできるだけ感じられるように、ＬＧＢＴの人達の感情や生活などを丁寧に扱ったマンガや映画やドラマなどを積極的に見てみるなどのアクションを起こし、少しずつ氷を解かすように自分の価値観や感覚を変容させていくこともできます。そうすることで性の多様性に対して、親しみや前向きな感情がにじみ出し、自然に児童生徒に伝わるような授業実践ができるのではないかと思います。

では、「Like a Rainbow」（以下「ＬＡＲ」とします）を活用した授業実践の内容に入っていきましょう。

これは私も作成に携わった福岡市教育委員会が発行している人権教育副読本の「ぬくもり中学校版」の指導書に掲載されている指導案に沿ったものですが、作成後の一年間で学んだことを生かしてアレンジし、内容や留意点を紹介します。私は以前、三年間小学校の教員をさせていただいていましたが、授業者としては未熟でしたし、授業のプロは今現場にいる先生達ですので、授業の中で、よくない効果をもたらしたり学習の意義を低めてしまいかねないものをできるだけ除去した無難な授業をご提案します。これを参考によりよい実践を考えていっていただけたらと思います。

実践を考えるうえで大切にしたねらい

LARを活用し、中学生を対象にした授業を考えていく時に、最も大切にしたのは「脱・思いやり路線」です。性的指向や性自認を理由とする差別を主題とする人権教育の実践を拝見している時に、授業を通じて発信されている「『ホモ』とか『おかま』とか言ったら傷つく人もいるから、言わないようにしようね」というようなメッセージをしばしば感じることがありました。性的指向や性自認を理由とする差別を受ける人達を、弱い／繊細な／かわいそうな人達のように結果的に扱うことで、授業を通してそのような人達のパワーをさらに奪ってしまいかねないことを危惧し、違和感をもっていました。そして、私はそのようなメッセージ性をもつ実践を「思いやり路線」と呼んでいます。自分や他者に対して、思いやりをもって接することは、とても大切なことですが、差別というのは、そのような「私とあなたの間で思いやりをもって接してたら、それでOKだよね」では、どうすることもできないものを内包しているものなのではないかと思います。そのためなんとかしてこの「思いやり路線」を脱したい！と考えていました。身近な生活の中に潜み、当たり前の顔をして存在している差別や、その影響から生じる大小様々な事象を見抜き、行動していく、そのための感覚やスキルを提供することをねらいとしました。

導入　これまで、どのような差別があることを学んできたかを振り返る
授業者の発言案（以下T.）今日は差別や人権について、みんなで考えていきたいと思います。小学校や中学校でのこれまでの学習では、どのような差別があることを学んできましたか？

導入にはあまり長く時間を取らず、三～五分程度で実施するイメージです。生徒達から「LGBT」などの、性のあり方への差別が挙がらなかった場合は、「今まであまり勉強してこなかった、性のあり方への差別について今日はみんなで勉強しながら考えていきたいと思います」とし、挙がった場合は、「今日はこの、性のあり方への差別について、今までよりも深くみんなで勉強しながら考えていきたいと思います」とします。

す。授業の導入は悩ましく感じられることも多いようです。ついつい「LGBTについて知っているか、どんな印象を持っているか」を授業の冒頭で尋ねると、生徒達がこれまで培ってきた偏見に基づいた否定的、侮辱的、攻撃的、間違った認識などが飛び交ってしまうことがあります。授業の展開上、どうしても必要だというわけではないなら避けたほうがベターです。もし、授業の展開上、生徒達の学習前の認識がどうしても必要な場合は、紙面による事前のアンケートを活用する方法をとることで、LGBTQの子ども達が直接的に生々しく言葉を受けるリスクを減らすことができます。

LARを鑑賞する
T.まず、このDVDをみんなで見てみましょう。これは、福岡県の田川市にある田川市立金川中学校の放送部の生徒達が作ったものです。八分間です。

各教室にDVDを視聴できる設備がない場合、学年全体でDVDを視聴し、そのまま学年合同で授業を実施せざるをえないこともあるかもしれませんが、もし視聴覚設備のある特別教室やプロジェクターなどを活用してクラス単位での授業ができるのであれば、そちらをお勧めします。

性の多様性のおさらい〜さらに詳しく
T.DVDの中でも説明がありましたが、性のあり方についてもっと詳しく勉強してみましょう

性の多様性について話す場面は、LARの中に登場したシーンをパソコンのスクリーンショットなどで黒板に掲示し、ナレーションと同じ文章で説明すると生徒に入りやすくなります。また、「これまでたくさんの書籍を読んできたし、色々な場所で学んできたから自信がある！」という場合は別ですが、そうでもないなと感じる場合は、自分の言葉で説明することは避けLARや信頼できる書籍の内容を引用した方が、間違った認識を拡散することを防ぐことができるのではないかと思います。

LARで扱われている内容よりも、もっと深い内容を扱いたい場合には、このような四つの切り口を矢印等で表現した図を用いると、性の多様性というものが「性的少数者」の多様性のことを指しているのではなく、全ての人の中の多様性のことを指していることを実感しやす

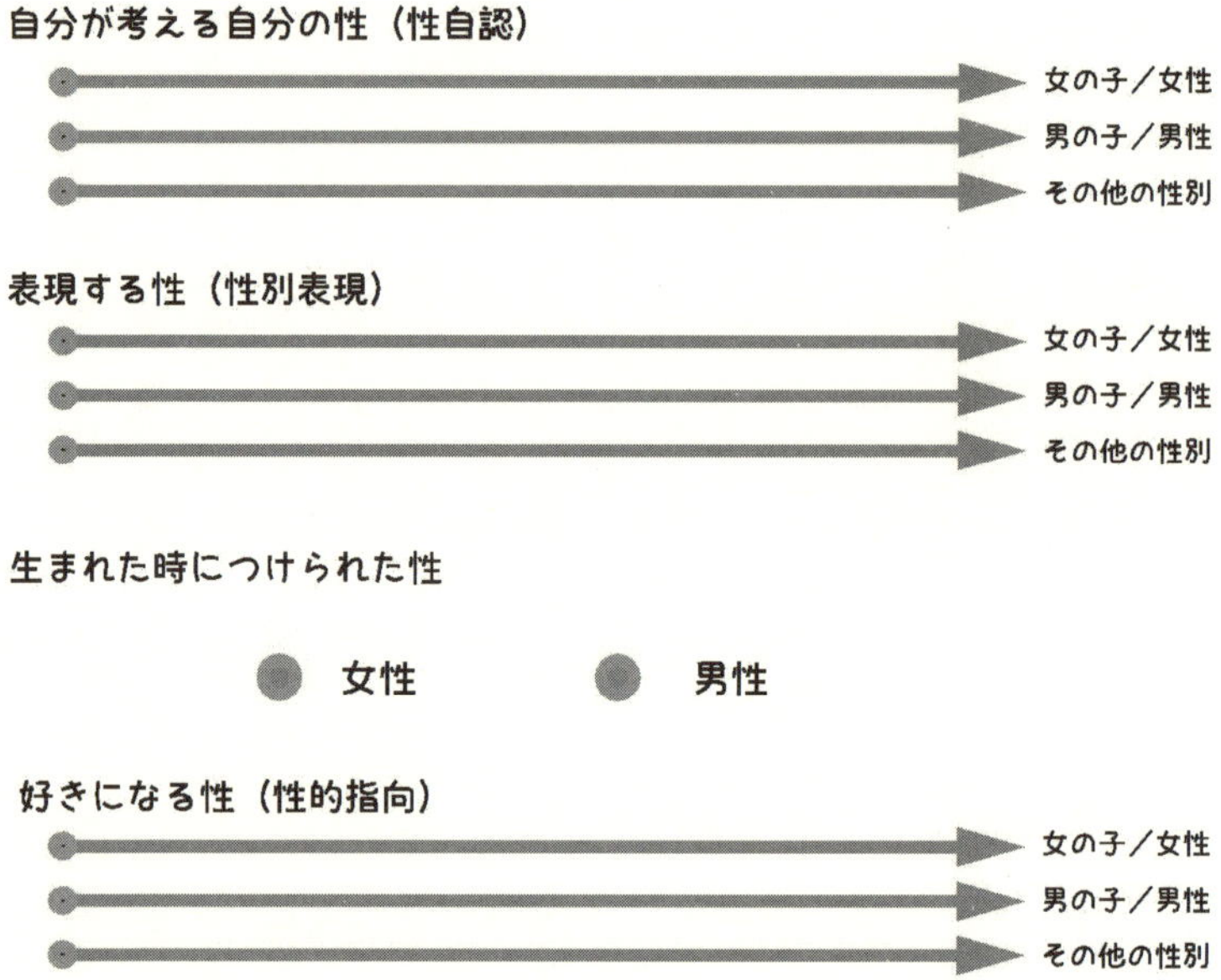

いのではないかと思います。ただ、もしこのような図を用いる場合には、授業者にも生徒にも、印をつけること、それを他の人に開示することを強制するようなことにはならないように注意する必要があります。つまり、学年の話し合いの中で「学年全員で共通して授業者自身の図を用いて説明しましょう！」や、授業中に「さぁ、今からみんなそれぞれに自分だったら、どのあたりかなって考えながらプリントに印をつけてみようね！」というようなことはやめておきましょうということです。そうすることで、性のあり方は、とてもプライベートで大切にされるべきもので、それについて考えるタイミングも開示するかどうか／誰に開示するかもその人自身が選び決めることができるのだという姿勢を学習の中で伝えることができます。

グループワーク①

T.「Like a Rainbow」の中には、三人のおとなへのインタビューがありました。この三人（小嵜、牧園、石崎）のインタビューの、もう少し長いバージョンがあるので、それを書き出したプリントを配ります。三人は子どもの頃にいろいろなことを経験したり、感じたりしていましたね。三人の経験や感じていることの中に、性のあり方への差別が隠れています。三人の言葉の中から、「性のあり方への差別があるから起こったこと」を探して、線を引いてみましょう。まずは一人でやってみて、その後はグループで見つけたことを出し合い、グループごとに発表しあって、みんなで考えましょう。

LARには八分版と三十分版があり、このグループワークには三十分版のインタビュー部分を活用したほうが、学びが深まると思います。

生徒達よりは先生達のほうがこのワークに難しさを感じることもあるようです。ですから事前に、学年会などの機会に先生達で同じことをやってみることをお勧めします。もしも、難しく感じた場合は、牧園さんと小嵒さんについては「異性愛者だったら起こらなかったこと、感じずにすんだこと」を、私については「シスジェンダーだったら起こらなかったこと、感じずにすんだこと」という観点で考えてみると見つけやすいのではないかと思います。

例：小嵒さんの「こんなおかしいこと考えるのは世界に私だけだ。私って気持ち悪い」の部分は、次のように考察することができます。差別があるから、性の多様性について知る機会がなく、同性を好きになることについて気持ちの悪いことだと認識するような価値観にしか出会えず、自分自身のことも否定的に感じざるをえない。また、差別があることで、性のあり方を隠して生活せざるをえないため、存在しないようにみんなも自分も感じてしまったり、仲間と出会えずに孤立してしまったりする。

私の「中学校の時はセーラー服を着ていたんです。……僕はその服を着ている間ずっと、女子であることを押し付けられていると思って…」の部分は、シスジェンダーであれば自分の自認する性別で生活することができるのに、トランスジェンダーであることで性自認が尊重されず、自認する性別で生活することができないこと、自分らしい性別表現をすることができずに、女性であることを強制されていると考えることができます。

もしかしたら、ここかなと思う部分に線は引けたが、どうしてそこに引いたのかを言葉で説明するのは難しいなと感じることもあるかもしれません。それでも大丈夫です。差別があるから起こっていることは、日常の様々な場面に潜んでいて、時にはパッとわかりづらい複雑な構造であることもあるので、だからこそ、「あれ、これいいのかな?よくないんじゃないかな?」と直感的に感じられる感性を育むことが大切だと思うのです。「うまく説明できないけど、これは『好きになる性』に関係してそうだな…」のように線を引いていけたら十分です。ちなみに、このワークは実はインタビューの大半の部分に線を引くことができるものだと思います。正解や間違いがあるようなものではなく、見つけること、立ち止まって考えること自体が大切です。

グループワーク②―一
T.性のあり方への差別は、三人の生活や価値観、人生にいろいろな影響を及ぼしていました。では性のあり方への差別って、どうして在るんだと思いますか?

この部分はあまり長く取らず、自由発言のような形で生徒からの意見をいくつか出してもらうような軽めのものでいいと思います。間違いや正解というのはないでしょうけど、大切なキーワードとして「無関心」や「他人事」をおさえて次に進みましょう。

グループワーク②―二
T.では、ちょっとイメージしてもらいたいのですが、性のあり方への差別がない社会って、どんな社会だと思いますか?

「同性が好きでもバカにされない」「トランスジェンダーの人もこころの性別で暮らせる」「LGBTQの人が自分はおかしいって思わなくていい」「同性同士も結婚できる」「男のくせに、女のくせにとか言われない」「みんなが自分らしく生きられる」など、日常場面から制度面まで、ちょっとしたことから大きなことまで、抽象的なことも具体的なこともいろいろ出てくるといいですね。イメージしづらい場合は、「三人のインタビューに出たようなことが起こらなかったら、どんな感じかな?」とイメージすると考えやすいかもしれません。この後の発問につなぐ大切な布石ですが、「時間がなくなって最後の部分ができなかったー!」とならないように時間を調整しましょう。

グループワーク②—三（ここがメイン）

T.今、みんなでイメージしたような、そんな社会にはどうしたらできるかな?そんな社会にしていくために、自分がやってみたい、みんなでやってみたい、こういうことができたらいいかも、というような「プチアクション」を考えてみましょう。考える時間をとった後に、みんなにシェアできる人には発表してもらいたいと思っています。

「プチアクション」はスローガンのようなものだけでなく具体的で、かつ日常の中で取り組めるようなものも含めて、授業前に先生個人で、また学年集団の中で考え、話し合い、なるべくたくさん考えておくと学習がより一層深まると思います。事前に見つけたものを全て出させる必要はありませんが、たくさん見つけておくことで、声かけにより深めたり、まだ出されていない観点について生徒が考えるための補助ができます。

教師の話を聴く

授業の最後を締めくくる先生の話として、ＬＧＢＴに関するニュースなどからポジティブな社会の変化や、相談したいことがあるときの相談先を伝える。

ここ数年で、日本の中でもＬＧＢＴに関する様々な変化や取り組みが見られるようになってきました。それらの中から、生徒の実態等に合わせてより良いものを選び、可能なら先ほど考えていたプチアクションとリンクさせながらお話しできると、生徒達にとって自分が考えたプチアクションを実行していった先のポジティブな未来のイメージを描きやすく、行動に繋がりやすくなるのではないかと思います。

また、もし性のあり方や他の様々なことについて、相談したいと思った時には、先生自身や養護教諭などが相談相手になって、話を聴いたり一緒に考えていったりすることができることを伝えると、相談ニーズがあったのに、身近に相談できる人がいないように感じていた生徒達にとっては、相談しやすくなる可能性があります。

それに加えて、もし身近な人に言えないと感じている場合の相談先や、近隣地域のＬＧＢＴに関する活動をしている団体や活動内容などを伝えると、生徒の選択肢が広がります。外部の相談先は、チャイルドラインなどの子どもに特化した相談窓口や、ＬＧＢＴに特化した相談窓口などがあり、「こぷりずむ from 山梨」さんがホームページ上に電話相談リストを掲載しているのでダウンロードしてプリントとして配布するのもオススメです。
(https://coprism.jimdo.com)

おわりに

「授業に取り組みたいけど、不安で…」という先生とよく出会います。そういった不安は、性の多様性を大切に伝えたい気持ちの表れのように感じて、心強いなと思います。不安な気持ちの理由は様々かもしれませんが、よく耳にするのは自分の中の知識や認識が不足しているように感じるからという声です。授業のプロである先生達にとって、授業で扱うのと同じ量の知識しかもたずに授業に臨むということは、他にはあまりないことでしょうから、知識が足りないと感じているなら授業をすることに不安をもつのは当然だと思います。そういった不安に気づいたら、知識を増やしていくことで、不安が和らぎ、実践に対して前向きな気持ちが芽生えると思います。最近は関連書籍も様々なものが出版されているので、自分が読みやすいと感じる書籍からだと始めやすいかもしれません。そして、最近は子どもを対象に書かれた性の多様性に関する知識を深めることのできるような書籍も出版されていますので、子ども達に伝える時にどのような言葉を用い、どのような展開で、どのような内容を伝えるかを研究する時に役立つと思います。

ゲイの高校生と話をしていた時にとても印象深かったことがあります。中学生の時に受けた性の多様性に関する授業のことを思い出して話してくれた「内容はもうあんまり覚えてないけど、先生が一生懸命話してくれた、そのことはよく覚えてるなぁ」という言葉です。その先生が熱心に準備に取り組み、思いを込めて生徒達に話している姿が目に浮かぶようでした。まだこのテーマの授業には取り組んだことがない先生も、真摯に向き合う先生自身の姿を生徒達にモデルとして示してほしい。その姿こそが、子ども達の人権感覚を育むロールモデルだと思うからです。

そして、もし男の子が男の子を好きになったとしても、嫌な思いをせず、自分を否定することもなく、平等に生きていける、そんな社会を一緒に作っていきましょう。

（いしざき　あんり・FRENS代表）

特集　ＬＧＢＴＱ教育は今　―教育実践―

伝えたいこと～ＬＧＢＴＱの授業実践に寄せて～

江島　諒

一　はじめに

二〇一八年四月、私は筑紫野市立筑山中学校での三年間の生徒支援加配教員を経て、筑紫野市立二日市中学校に赴任した。私には、前任校において実践したかった教育課題があった。それは、ＬＧＢＴＱに関する授業であり、いつかこの題材に取り組み、生徒と一緒にＬＧＢＴＱについて考えたいと思っていた。

二〇一八年一二月五日～十四日の期間において、私はＬＧＢＴＱの当事者であるＳさんの協力を得て、ＬＧＢＴＱの授業実践を行うことができた。正直言うと、傷つく生徒が出てくるのではないかという不安も少なからずあった。しかし、授業を終えて改めて感じたことは、人権課題における当事者との出会いは、間違いなく子どもの人生を豊かにするということだった。

本稿では、私自身のＬＧＢＴＱ問題との出会いをふりかえりつつ、Ｓさんの協力を得て行った授業実践をまとめた。現在のところ、福岡教育事務所管内の筑紫地区（大野城市・春日市・太宰府市・筑紫野市・那珂川市）において、ＬＧＢＴＱに関する教育実践はほとんどといって行われていない。私の実践にも不十分な点は多々あるが、今後の授業実践のたたき台になれば幸いである。脚注（１）

二 「LGBTQ」問題との出会い

私がなぜ「LGBTQ」に関する実践や研修を行いたいと思ったか。そのきっかけは、大学時代に遡る。現在、福岡市で活動をしていらっしゃるFRENS代表の石崎杏理さんとの出会いが大きい。当時、大学四年生であった私は「人権・同和問題」に関する講義を受けた。その時に、講師として演台に立たれていたのが石崎さんであった。私の「LGBTQ」に関する知識といえば、中学生の頃に見た金八先生で、俳優の上戸彩さんが演じる「鶴本直」という生徒がいわゆる「性同一性障害」である役柄であったことを思い出すぐらいであり、当事者への思いや具体的な知識などは、直接聞いたり、学んだりしたことはなかった。（性的マイノリティと性同一性障害は、考え方が異なるので、混同されないことを願う）。時折、新聞記事やテレビなどで見かける程度であり、とりたてて自分の中にひっかかることがなかったのである。

そんな中での出会いであった。どんな話をされたか…は、実はあまり記憶していないのだが、その時に「実際にいるんだ！」と思ったことは今でもはっきりと覚えている。しかし今振り返ると、当時の私はそのくらいの感覚しかもてていなかったことに、今更ながら反省をする。そこから、石崎さんが立ち上げられたサークルにほんの少しだが、参加させてもらい、また少しだけ勉強させてもらった。その当時は、性的マイノリティに関する情報も少なかったように思う。どちらかと言うと、私自身が「情報をキャッチできていなかった」と言う方が正しい。

そこから大学を卒業し、教職へと就いたのだが、実を言うと、LGBTQのことについては、大学卒業と同時に少し遠退いてしまった。時折、テレビに映る芸能人やNHKでの特集などで、見聞きする程度だった。このことは、この後の実践に出てくる生徒の現状と似ている。そのような中で、私が前任校で人権・同和教育担当者となり、研修をつくる機会が出てきた。一年目から、「研修をつくるなら石崎さんを呼びたい」という思いに駆られた。不思議なもので、何かしたいことがあるかと聞かれた時に、ふと頭に浮かんだ人が石崎さんであったのだ。

しかし、その時は諸般の関係で実現が叶わなかった。が、翌年と翌々年に二年続けて石崎さんを講師として招き、一回目は講話、二回目は実践報告後の研修のまとめをしてもらった。その中でも、私が知らなかったことは沢山あり、大学生の時に教えてもらったことからだいぶ様変わりしていたことに驚きと新鮮さがあった。なお二回目の研修では、糸島市の前原中学校ブロックで行われていた実践を前原中学校と前原南小学校から聞かせていただけたことにも大きく刺激をもらった。

これらのことを経て、いつか授業実践に取り組み、少しでも生徒と一緒にＬＧＢＴＱの事を学び、考えられる授業をしたいと思うようになった。しかし、忙しさのあまり手付かずの日々が続き、ようやくして今年、授業実践をすることができたのである。

三　授業実践の記録

今回は三年生理科『生命のつながり』の単元（大日本図書）において、二時間構成で授業を行った。内容は、一次目に「ＬＧＢＴＱ」についての基本的な知識（知的側面）を学習し、二次目に当事者の方に来てもらい、講話をしていただくようにした。まず、ＬＧＢＴＱについての基礎的な知識を得た後、次に、ＬＧＢＴＱの当事者の思いを知り、これから自分にできることは何かを考える。という流れで計画した。

（一）一次目の内容

導入では、既習内容である「生物の多様性について」の振り返りを行った。一人ひとりの顔や体、性格などが違うことは当たり前であり、遺伝子の組み合わせの数だけ多様性があること、そして、それは人間だけでなく、地球上の多くの生物に当てはまることを確認した。人間の顔や体、性格などといった個性の違いは、生物の多様性の中ではごくあたり前の事であるということを最初におさえたのである。

次に、「性別はどうやって決まるのか」を考えさせた。ここが本時の中心発問である。そして、「性が今どのようにして考えられてきているのか」を知らせた。これについては、福岡県が今年度に各校へ配付した「あおぞら２」の中にある性の多様性のスライドを使用させていただいた。ここでは、性を「①からだの性②こころの性③好きになる性」の三つで考えていった。

更に、「ＬＧＢＴＱ」がどのようなセクシャリティなのかをスライドを用いながら、知識として学ばせていった。

最後に、現代社会のＬＧＢＴＱの受け止められ方を知らせた。ここでは、課題もまだ沢山あるが、ＬＧＢＴＱが肯定的に受け止められ始めていることを伝えることにした。身近な事として捉えさせるために、福岡市のパートナーシップ宣誓制度やレインボーパレード、ＬＧＢＴＱフレンドリー企業などの具体的な制度やものについても紹介をした。このねらいとしては、できるだけ肯定的な意見や取り組みが授業の中で触れられることと、具体的な支援先や制度などが存在していることを肯定的な情報として与える意図があった。当事者の生徒が、もし自分自身に悩んだ時に、相談できる場所があることを知っていれば、その後の身の振り方が変わってくるのではないかと期待してのことである。

（二）二次目の内容

当事者の方をゲストティーチャーとして招き、一次目に出た感想や質問などをもとに、三〇分程度の講話をしていただいた。今回は、私の知り合いのＳさん（セクシャリティがクエスチョニング）に来ていただいた。講話の内容は次の通りである。※は、それぞれの話のポイントや気をつけることを打ち合わせでまとめたものである。

①自己紹介（五分）
・Ｓさんのセクシャリティの話（パワーポイントを使って話す）
※セクシャリティは例えば今は、男性だと感じていても、途中から女性かもしれないと変わることもある。だから、特に中学校の時点で決めつける必要もないし、決めなくてもいい。Ｓさん自身は途中からクエスチョニングとアセクシャル（脚注2）であると感じるようになった。

②性的マイノリティの概要（五分）
・一三人に一人の割合でいること
※当事者さがしになる発言には、話を止めてその発言の意図を問う。
・「偏見＝差別」の構造　↓　知らないことが偏見になり、偏見が恐怖に変わり、恐怖が差別に変わること。

③これまで経験した中での生きづらさ（一〇分）
・高校を選択したとき
小・中学校でのいじめられた経験から、高校では吹奏楽で周りを見返してやりたいと思い、女子高へ進学した。その時は、制服や女子高に通うことも嫌であったが、それよりも周りを見返したいという思いが強かった。

・社会人になったとき

高校卒業後、これでスカートをはかなくてもいいと思っていた矢先、母より大学の入学式のために、女性用のスーツとスカートを新調され、「これを着ていって欲しい」と言われたこと。その時は、泣く泣くそれを着ていったが、はくのが嫌だと思ったときに、自分の中での違和感に気づいた。また、その日以降、スカートははいていない。

・トイレのこと

以前、博多駅が全面改修で建て替えられてすぐの頃、駅のトイレを使おうと、女性用トイレに入った。Sさんは身体的には何も変えておらず、戸籍上も女性であるので、今まで通り女性用トイレに入ったところ、警備員を呼ばれたことがある。そこから、みんなのトイレ（多目的トイレ）を使用するようになった。

・更衣室のこと

ある施設で、プールを利用したいと思ったSさんは、水着など必要なものを準備したが、いざ施設に行ってみると、男性と女性のどちらの更衣室で着替えるのかに困った。博多駅での経験もあり、すっきりとしなかった。

※子どもたちにとってみたら、直接的に「差別を受けた」と感じにくいものだが、生活の中の生きづらさが知らぬ間に、マイノリティを排除する構造になっていることを伝える。「生きづらさをなくすこと＝差別がない社会にすること」とまとめていく。

④最近の嬉しかったこと（一〇分）

・ある施設での出来事

前述の施設（プール）にて、困ったことをその施設に相談をすると、数ヵ月後に多目的室を準備してくれた。また、その多目的室が他の困っている人の役にも立っている。

・母との会話の変化

Sさんの母は、Sさんを知人に紹介するとき、以前は「うちの娘は…」と紹介をしていた。最近ではそれが、「うちの子は…」という言い方に変わった。少しの変化だが、それが嬉しかった。
※社会も人もちょっとずつ変わっていくこと…でもそれは、「今が当たり前」と思っている環境では変わらない。「おかしい」「もっと〇〇したら、もっと沢山の人が暮らしやすくなる。」と気づくことが大切。そのためには、「正しく知ること・学ぶこと」。

⑤質疑応答とまとめ（一五分）
・最後は「Sさんのセクシャリティが〇〇」ではなく、「SさんはSさん」と感じられるか…LGBTQはあくまでも性的マイノリティの一例で、それにあてはまらない人もいる。だからこそ、「目の前にいる人そのものを見ることを大切にすること」を一番伝えたい。
・理科の「生物の多様性」の授業の一環として、「当事者があたり前にいることがあたり前」…その存在が特別ではなく、「いるのがあたり前。それが自然なこと」と捉えさせていく。

⑥感想書き（五分）

四　当事者と出会うことの意義
～生徒の感想に見る～

子ども達の感想は、ほとんどがLGBTQに対して肯定的なものばかりであった。初めて知った子、何となく言葉は聞いたことがあったが、具体的に学んだことはなかった子、改めて自分のセクシャリティを振り返ってみる子、実際に出会ったことがあった子（そうだと気づいた子）と、様々な感想を書いてくれた。二次目終了後の感想をいくつか紹介しておく。

一三人に一人、左利きと同じ割合でLGBTQの人がいるということを初めて知りました。自分達が思っているよりも、身近にいるということを知って、正確な知識を持っていないと、相手を傷つけてしまうから、少しでも「知る」ことが第一歩だと私は思いました。

今日の授業で、LGBTQの方々について前回よりも詳しく知り、考えることができました。LGB

ＴＱの方々が差別されているということは一刻も早くなくしていかなければならないと思いました。（中略）前回の授業で先生が言われていた「ＬＧＢＴＱの人たちがいるのは、生物の多様性の中で普通のこと（当たり前のこと）」と言うことを知っていれば、差別はなくなるのではないかと思いました。

もしも自分がカミングアウトをされた時、どうすればいいのかと、あるドラマを見て考えたことがありました。残念ながら、僕はゲイの人の心や価値観を一〇〇％完璧に理解することはできないので、どういう言葉で喜んでもらえたり、傷つけたりしてしまうのかが分からず、結局結論は出ませんでした。ですが、今日の先生の話で、少し答えに近づけた気がします。

話を聞いて、今まではＬＧＢＴＱの人が遠い存在に感じてしまっていたけど、左利きの割合と同じだと知って、身近なこととして感じることができた。左利きの人には、左利き用のはさみなどが作られていて、生活しやすくなっているのにＬＧＢＴＱの人には生活しづらい社会になっているので、多目的トイレの設置を増やすことや、制服をズボンやスカートなど選べるようにするなど変えていく必要があると思った。ＬＧＢＴＱの人だけでなく、すべての人が生活しやすい社会にしていきたいと思った。

今まで話を聞いただけだったので、理解をすることはできていたけど、少し不思議に思っていました。でも、今日あって正直に最初は（Ｓさんは）男性だと思いました。（戸籍上の性別は）女性と聞いて驚いたけど、変な事じゃないと話を聞く中で感じました。それにＳさんも普通の人だと思いました。普通は何か分からないし、そういうこともいけないかもしれないけど、そう思いました。これからは、ＬＧＢＴＱの人がどうするとかじゃなくて、周りの人や社会が受け入れて、全員が過ごしやすい生きやすい環境をつくることが大事だと思います。

よく分かっていないことが多くて、自分も自然と気づかないうちに偏見や差別意識をもっていたかも知れないと考え直すことができた。ＬＧＢＴＱが何か特別なものだと思っていたけど、そうじゃなく、一人ひとりがもっている大切なものと変わらないんだなと思った。固定された考え方の中で、その考え方からはみ出してしまったら、偏見や差別の対象になってしまうなど、おかしな話だと思う。一人ひとりが自分自身のことを見て、考えて、知って生きていけるようになれたらいいと思った。自分達が分かっていなかったことや、自分は自分でいいんだということが良く分かりました。

今回、私が授業実践をやってみての振り返りだが、家庭科の先生が様々な性自認の方の存在について、本授業よりも前に少し触れていただいていたこともあり、生徒の感想として肯定的なものが多く、また以前から言葉を知っていたという生徒が各クラスそのままであった。生徒の感想の中には、テレビや映画、SNSなどで当事者の思いを見たり聞いたりしたことがあると答えた生徒も多数いた。その中での授業もあり、詳しく知ることができて良かったと感想を書いた生徒がほとんどであったことに嬉しく感じた。もちろんその背景には、本校で培われてきた人権・部落問題学習九ヵ年カリキュラムとプログラムの成果もあってのことだと考えている。部落問題を中心に学習してきた素地が、他の人権課題でも生かされた結果だと捉えている。

実のところ、一次目を終えた時点で、Sさんを呼ぶかを悩んでいた。少なくとも本学年にも当事者の生徒がいるであろうと考えていたので、その子達にどのようにフォローすべきかを考えていたのである。Sさんの事は知っていたので講話の内容などは心配しておらず、どちらかというとその後の対応をどうしようかと一人で悩んでいたのである。しかしながら、本クラスの生徒に、「直接話を聞いてみたい？」と問うた所、即答で「聞いてみたい」と返ってきた事に嬉しさを感じていたので、〝鉄は熱いうちに打て〟ではないが、そのままSさんの話を聞くに至ったのである。

一次目は、「今まで言葉だけでしか知らなかったことが、スライドなどで示されてより分かりやすかった」と良い評価をもらえたと感じている。また、LGBTQに対する条例の制定や制度、支援活動や支援企業などが存在することが良いことだとする肯定的な感想も数多くあった。

しかし、やはり凄かったのは二次目である。先に載せたように、生徒の反応が明らかに違うのである。私もできるだけ、自分なりにやってきたことや過去の出会いなどを話して、生徒により身近になるようにと努めて話したのだが、何せ二次目のSさんはすべてが自分から発せられる言葉ばかりだからである。改めて、当事者の方の言葉の力を思い知らされた。

おわりに

近年、性的マイノリティについての研修は増加している。筑紫地区では、毎年一月末に開催されている筑紫地区人権・同和教育研究大会において、三年ほど前から性的マイノリティに関する研修が入れられてきた。研修に参加した方々の感想には、「当事者の思いに共感した」や「新しい学びがあった」「授業実践を入れていかなければいけない」というものが数多くあった。しかしながら、具体的な実践は…と言うと進んでいないのが現実だ。今回の授業実践が、これからLGBTQの授業をつくってみたいと言う方々の一助となれば幸いである。

今回の授業の成果と考えることは、生徒とSさんを出会わせることができたこととLGBTQに対しての肯定的な感覚をもたせることができたことだと思っている。もちろんそれは、生徒たちのこれから（卒業後）を見ていかないと分からないことだが、Sさんが打ち合わせの度に言っていた言葉で「子ども達が成人式で、どんな風になっていても受け入れられるように…その時のために、今話すんだよ」と言う言葉がとても印象に残っている。この先、この授業を受けた生徒達が、高校や大学、社会人になって、自分のセクシャリティに気づいたり、身近な人からカミングアウトを受けたりした時に、自分自身や打ち明けてくれた相手をそのまま受け止めてくれることができたら何よりもの成果であり、嬉しいことである。

最後に…Sさんが講話の中で生徒に「私は社会の中で、君達と一緒に生きたらいかんのか？」と問われた場面があった。生徒は静かに首を横に振って、真剣なまなざしをSさんに返してくれた。このやりとりに今回の授業のすべてが集約されているように感じた。本気で伝えたいことは、ほんの一言でも伝わる。こちらが本気で伝えたいことを授業にしていくことが、何よりも大切だと思う。これからまたさらに、LGBTQの授業内容を検討していきたい。

注

1　ＬＧＢＴＱを取り巻く現状について、少し述べておく。二〇一二年三月、福岡県より発行された『人権問題に関する県民意識調査』において、全体の約三分の二が、人権問題に多少とも関心を持っている結果となっている。しかしながら、その中で「性同一性障害」への関心は一一・〇％、「性的指向（同性愛や異性愛）に関する問題」への関心は七・九％と、他の人権問題に比べ、低い値を示している。また、「女の子は女の子らしく、男の子は男の子らしく育てる」については、「差別ではない／問題ないと思う」が三八・二％とかなり多くなっている。
　また、「性同一性障害や性的指向をはじめとする性的少数者の人権に関することがらで、人権がとくに尊重されていないと思うことはどのようなことですか」という問いについては、「わからない」や「回答なし」が合わせて三五・七％と全体の三分の一強を占めている。その中でさらに、人権上問題であると指摘されたものとしては、「差別的言動」が三八・六％、「職場や学校で嫌がらせをされる」が三二・八％、「性的少数者に対する理解が足りない」が三二・二％といずれも三分の一を超えている。

　その反面、今や一三人に一人と言われる性的マイノリティ当事者。二〇一五年の電通総研によるインターネット調査では、「自分の性別に違和感がある」と答えた人は二〇一二年五・二％、二〇一五年には七・六％と増加傾向にあり、これを福岡県の人口と比較すると、およそ二五～三八万人もの人が性的マイノリティの当事者であることが考えられる。（二〇一八年の調査では、ＬＧＢＴ層に該当する人は八・九％との報告もある。また、「ＬＧＢＴ」という言葉の浸透率は六八・五％との結果も出ている。）この値が増加した背景には、社会環境が変化し、性的マイノリティについての情報が増えたことで、当事者と自覚しやすくなったこと、また社会全体が性的マイノリティについて関心を持ち、当事者がカミングアウトをできる（自分を出せる）ように少しずつ変化してきていることが考えられる。しかしながら、職場でのカミングアウトに抵抗がある方の割合や職場に十分なサポートがないという現状もまだまだ健在している。

2　クエスチョニングとは、自分の性自認や性的思考が定まっていない、もしくは定めていないセクシャリティのこと。また、アセクシャルとは、他人に対する性的な魅かれや性的関心の少ないセクシャリティのこと。

（えしま　りょう・筑紫野市立二日市中学校理科教諭）

特集　ＬＧＢＴＱ教育は今　―教育実践―

性の多様性についての授業実践
―自分の問題として捉え、アライとなる子どもを育てるために―

黒木麻衣・高津麦・喜多加実代

一　性の多様性、またはＬＧＢＴ（Ｑ）をめぐる教育や授業の現状

今回本誌でも特集が組まれているように、近年、ＬＧＢＴ（Ｑ）[1]の人権保障は重要なイシューとなっており、性の多様性に配慮した学校の環境やセクシュアル・マイノリティについての妥当で肯定的な情報を得るための教育の必要性が様々な論考で指摘されている。特に文部科学省による「性同一性障害に係る児童生徒に対するきめ細かな対応の実施等について」通知（二〇一五年）の前後からは、学校が取り組むべき対応や考え方が教育関係の専門誌でも紹介され、授業実践例などが専門誌、新聞記事、ウェブサイトにおいて紹介されるようになっている。

福岡市では小学校人権啓発読本「ぬくもり」でトランスジェンダーの石﨑杏理氏の手記が取り上げられており、読本を通じて学べる状況ができている。[2]また、小学校の教員でもあった石﨑氏自身は現在福岡市内のみならず、様々な学校で教員や児童生徒を対象とした研修や授業を実施してもいる。また、福岡市立中学校の教諭・北村淳子氏が当事者に助言を仰いだり支援団体が作成した教材を検討したりしつつ実施した授業が「ＬＧＢＴ、増える学校授業」として新聞紙面でも紹介された。[3]

記事の見出しにあるように授業や研修が増加しているとされる一方、日高庸晴が二〇一一―一三年に教員約六千人に行った調査では、ＬＧＢＴについて授業で取り上

げる必要があると回答した教員は約七割と多いものの、実際に取り上げたことのある教員は約一割、同性愛について正しく理解している者が約四割という結果であった。[4]三輪真裕美による二〇一五年の三重県での教員調査でも、授業で取り上げたという回答は一割を下回っており、理由としては、教え方がわからない、適切な教材がない、よく知らないという回答が多くあがった。[5]これは日高の調査と共通の傾向である。文科省の通知の後、LGBTについての教員研修を実施した教育委員会は六割、テーマに取り上げた研修も含めると九割が実施したとされているが、参加率は七%という報告もある。[6]

取り組みや授業が増えたという指摘と不十分という指摘の両方がおそらくは真実であり、ここ数年でも学校や教員の状況が大きく変わりつつある一方、また以前から関心をもち対応をしている教員もいる一方、まだその状況に追いついていない教員もいるということであろう。前述の日高が二〇一六年に実施したLGBT当事者調査では、学校段階でLGBTについて「肯定的な情報を得た」という回答が全体では七・五%だが、二〇代では一二・一%、一〇代では二三・〇%と若い世代ほど高くなっている（ただしその一〇代でも、「否定的な情報を得た」「異常なものとして習った」を合わせると二五・九%で、肯定的な情報を得た割合より多くなり、「一切習っていない」が約五割である）。[7]

教員養成課程での教育も不十分という指摘もある。二〇一五―一六年に教員養成大学の四年生一四七名を対象にした調査では、大学で受けた講義の中でLGBTについてふれたものがあったという回答は三三%であった。[8]著者の黒木と高津は、将来の小学校教員としてこの課題に取り組もうとしているが、性の多様性やLGBTについて大学の教員養成課程で全員が受講するプログラムが整っていないことについてやはり懸念をもっていた。黒木が自身の大学で学生一八五名を対象に行った調査では、LGBTについて学校・大学の授業や講演で知ったという回答は六七・六%、TVからの情報（六四・九%）を超えて最多の回答となった。大学で授業や講演を受けた者は全体の五〇・八%、また二年生以上での回答は七一・四%となった。十分ではないものの、おそらく教員養成課程における近年の変化を示すものといえよう。高津はLGBTQ学生サークルの代表として、また

ＬＧＢＴＱ当事者として、将来教員になる学生に対し知識や情報提供の場を設けたいと考え、大学教員と連携して授業などで自身のライフヒストリーも語りながら基礎的な知識や学校での取組の必要性を訴えてきた。こうした働きかけや試みも功を奏していることが想定される。また、この調査の回答者のうち一六・二％が中学校で、二九・二％が高校で授業や講演に接しており、これも取り組みの増加を想定させるものである。

他方、教員研修は行われているが授業を行うにはまだ時間が必要という声を、喜多は現場の教員から聞く機会もあり、授業や取り組みの促進のために実際の授業を想定した研修や研究授業のような試みがあるとよいと考えていた。そこで、喜多の所属するＮＰＯ法人福岡ジェンダー研究所の事業として、小学校での性の多様性についての授業実践を教員や教員志望の学生が見る機会を設け、教員や教員志望学生が自分の授業を組み立てる企画を考えた。黒木・高津が授業の実際を見て、また喜多が北村氏からいただいた指導案も参照しつつ自らの授業を組み立てることとなり、本稿ではその授業実践を主に紹介する。

二　実際の授業を想定した研修・見学の企画

見学を想定した授業実践は、認定ＮＰＯ法人ReBitの講師に行ってもらうこととした。これは福岡県内のＬＧＢＴＱの団体の教育活動実績が少ないからではない。むしろ逆である。福岡県内の団体での教育活動が行われており、高津はそのメンバーでもある。今回協力いただいた小学校でも既に前述の石﨑氏による授業などを経験していることから、むしろ普段はあまり関わることが少ない遠方の団体での取り組みを比較検討のためにも見学する機会となればと考えた。もう一点、ReBitの講師はＬＧＢＴＱ当事者であるが、「Ally Teacher's Tool Kit（アライ先生キット）」を作成するなど、アライの立場で授業を行う教員を増やそうとしていることがあり、事業趣旨に沿うことが考えられた。

本稿のタイトルにもあるアライとは、ＬＧＢＴＱへの支援や権利保障を求めることを表明する立場である。授業のあり方については、先行研究を引きつつ当事者が自身のことを語ることが偏見の提言に効果をもつとする態谷晋一郎の指摘がある一方、[9] 外部のゲスト講師によるものより普段の担任が自分の言葉で伝えることがメッセージになるとする日高の指摘がある。[10] これについてもおそらく両方が真実であり、ＬＧＢＴＱ当事者からその経験やあるべき環境・支援について真摯に学ぶ意義と、ＬＧＢＴＱ当事者か否かにかかわらず、担任や授業などで身近に関わる教員が適切で肯定的な知識を提供し、アライとして支援の立場を示す意義があるということであろう。先の石﨑氏による授業は前者、北村氏の授業は後者のものといえ、後に北村氏は石﨑氏をゲストに呼ぶというこの両方を充足させる授業を行っている。また、例えば遠藤まめたは、自身がＬＧＢＴ当事者として授業や研修を行う際も、ＬＧＢＴ非当事者やアライによる支援や理解の表明のエピソードに触れるようにしているという、それが課題を非当事者にも自分ごととして受け止めることや、他の課題における人間関係への学びにつながるとしている。[11]

高津自身は当事者であることを明らかにして活動しているが、ＬＧＢＴ当事者もアライも、また当事者かどうかを示さなくても教員が様々な立場から授業を行える状況になることが望ましいと考え、黒木はアライの立場から将来授業を行いたいと考えていた。この二名が組んで授業を構想することも意義のあることと考えられた。

三　ReBit による授業実践

認定ＮＰＯ法人 ReBit は大学生や二〇代の若者約五百人が参加する団体であり、児童生徒や教職員向けの出張授業・研修を年間約一五〇回、二〇一七年までに累計約六五〇回行っている。ReBit の授業実践については、同法人による『ＬＧＢＴってなんだろう？』[12] や、性の多様性についての様々な教育実践を検討した太功耶・葛西真記子の論考[13] でも紹介されているが、ここではその授業について児童のアンケート結果とともに報告する。

授業は、福岡市立内浜小学校六年生一三四名を対象に「いろいろな性ってなんだろう？」と題して四五分の一斉授業の形で行われた。導入は、六人の小学生の写真を示し「この中にセクシュアル・マイノリティは何人いるでしょう？」というクイズで児童の興味を引く形でなされた。クイズのポイントは、見た目ではわからない、本当は出会っているかもしれない、思ったより多いかもしれないというもので、児童の中の「普通」に対し、ゆさぶりをかけいろいろな性についての関心を高めていった。次に展開では、性は「こころの性」「からだの性」「好きになる性」の三つから成り立つことや、いろいろな性の中にも様々な種類があることを説明したのちに、LGBTQXそれぞれの語句の意味や、児童が「普通」だと思っていた異性愛や「こころとからだの性」が一致する場合にも名前があり皆それぞれがいろいろな性の一部だということが伝えられた。講師の進藤夏葉氏が、どのような学生時代を送っていたか、されて嬉しかったこと悲しかったこと等の体験談も語られた。最後は、「自分と友達の違いをそれぞれ認め合えるような関係を」といった、LGBTのみならず全てのマイノリティに対して考えるきっかけになるようなまとめがなされた。ところどころに好きな漫画の話や、冗談を織り交ぜた授業で、児童達も最後まで熱心に話を聞いていた。最後の質問の時間には、同性婚についての質問も出て、子ども達のLGBTについての関心も高まっていることや、また以下のアンケート結果でも示されるように柔軟な考え方になっていることが推測された。

授業の前後にReBitの作成したアンケートを実施したが、「性別は男女の二つしかない」に対する「そう思う」「少しそう思う」の回答が授業前の五六・七%から授業後には三・〇%に、「男の子は女の子を好きになり、女の子は男の子を好きになるのがあたりまえだ」に対する「そう思う」「少しそう思う」の回答が授業前の四一・八%から授業後の一・五%に変化した。授業前後で児童の考え方が大きく変わったことがわかる。先にも述べたように、授業の前でも子どもたちの考え方は柔軟になっていることもうかがえるが、その一方、これまで学校・家・TV等で「オカマ」「ホモ」「オネエ」などと言ってバカにするのを聞いたことがあるという児童が五九・七%、自身も言ったことあると回答した児童が一一・二%、言ったことがあるかわからないという回答が三六・六%あり、多くの子どもたちが性的マイノリティをバカにする状況を見聞きしている状況であった。授業後には、「誰かに対して『オカマ』『ホモ』『オネエ』などと言わないようにしたい」に対して「はい」という回答が九七・〇%となり、権利保障の学習としても効果があることが示唆される結果となった。

四　黒木・高津による授業実践

黒木・高津の二人組での授業は、福岡市立原西小学校五年生三五名を対象に四五分の一斉授業の形態で行った。ReBit の授業実践から多くを学びつつ、高津は、性の多様性について、LGBTQ当事者だけの問題とされず自分ごととして捉えてもらう授業を目指し、黒木は、児童がこの問題について実際に行動でき周囲に理解を広げていく契機となる授業を目指して授業を構想した。そして「ふつう」とは何か、LGBTについて知りどう行動するべきかについて児童に話し合わせる授業を行うこととした。授業における指導観、単元目標、主眼、準備物、仮定は、以下に指導案形式で示すこととする。

導入では、自己紹介を兼ねつつ、黒木、高津の宝物を当てるクイズを行った。この時点では、見た目から黒木は女性、高津は男性だと児童たちは思っていたようで、黒木が仮面ライダーの玩具、高津がぞうのぬいぐるみと明かされると、正解できなかった児童からは「えー」「女の人なのに仮面ライダー宝物なん」「(高津が) 意外に可愛いもの好きなんやね」等の発言を聞くことが出来た。児童の反応もとても良かったことに加え、想定した「普通男の子なら…」や「女の子なのに仮面ライダーがすきなんて変わっているね」といった発言も出てきた。黒木がぬいぐるみ、高津がサインボールだと思っていた男子児童に「なぜそう思ったの」と問うと、「ふつう男の人はかっこいいものかなと思ったから」と答えが返ってきた。

その発言をきっかけとして「ふつう」とはなんだろう、というめあてを設定した。

展開では、まず三つの性（心、からだ、好きになる性）について LGBTの言葉の意味等が紹介されている、金川中学校放送部が作成したLGBTについての動画（『Like a rainbow』）を視聴した。動画内で、インタビューを受けていた同中学校の生徒が「男だから泣くなと言われたことがある」「(女だから) 食べ方や箸の使い方をきちんとしなさいと言われる」と答えると、教室内からも「言われたことある」「わかる」といった相づちが多く聞こえた。

指導案

授業者　高津　　麦
黒木　麻衣

題　材　多様な性とはなんだろう

指導観

LGBT という言葉が各メディアで頻繁に使われるようになった現状で、授業対象の児童については、LGBT という言葉は耳にした児童が6割ほど、意味もわかっている児童が2割ほどいることを予想した。しかし、児童たちは LGBT(Q)についての教育をまだ受けておらず、その知識も少ないと考えられる。

そこで、本単元は、「性の多様性」や「LGBT とは」といった LGBT についての基礎的な知識の伝達を主としつつ、LGBT 以外のマイノリティや個性にもあてはまる「人の違い」や「普通」について考え、これまでの自分の生活を見直したり、改善したりしていくことのできる授業を設定した。LGBT という新たな知識から、子ども達の中の普通にゆさぶりをかけ、人の好みや性別、服装等の違いについての課題やこれまでの自分の生活についても見つめなおすことができる。そして、人の違いや良さを守るために自分ができることを考え、自己決定するとともに日々の生活の中でその決定を実行できるようにする。このことは、目標をたてて自分の決めたことに意欲的に取り組む児童を育成する上でも意義深い。

本題材の指導にあたっては、金川中学校の放送部の生徒が作成した動画や当事者の話から、LGBT についての知識を得、その当事者や児童各自の「違い」を尊重するために自分たちが今日からでもできる事について考え、クラスで話し合い、自身の意思決定ができるようにする。

まず導入段階で、自己紹介とアイスブレイクもかねて、授業者の宝物についてのクイズを行い、「普通、男の子は…」「女の子は…」といった発言を誘い、めあてを設定する。次に、展開段階では、動画教材や高津の話を基に LGBT について学ぶ。この教材や話は、LGBT 当事者や自分の性のあり方で悩む児童には「普通」であることに縛られなくてよい、個々のあり方が尊重されるべきというメッセージになるようにする。また、周りに LGBT（Q）の友達がいるかもしれない状況で、「普通、男の子は…」といった発言、男女の区別やからかいなどがどう受け取られるか、それに対して自分たちにできることは何かを班で話し合い、クラス内で交流する。最後に、終末段階では、クラス内の交流ででた意見をまとめながら、その意見や行動が、LGBT の人を取り巻く問題だけでなく男女、好み、服装などの人との違いに悩む人にも広げられる大切にするべきものであることや、 個性を尊重し支援的な関係を広げるために、LGBT や人との違いについての今日の授業を周囲に伝えていくことも大切であることの２つを理解できるようにする。

目標

(1)　好みの違いや性の多様性について関心を持ち、自分の生活を見直すことで、自分にできることを意欲的に考える態度を身に着けられるようにする。

(2)　LGBT(Q)の友達や人との違いに悩む友達がいるかもしれない状況で、「普通」にとらわれないための日々の生活での配慮や工夫等、自分が考えた方法の中から、自分の生活や課題に合った方法を判断し、発表することができるようにする。

(3)　LGBT のそれぞれの意味について、簡単に説明することが出来、グループ内で話し合いもとに何が大切なのかクラス全体で意見をまとめることが出来る。

本時　平成３０年１１月１日（木曜日）　３校時

主眼１　LGBT という言葉の意味を捉え、日々の生活の中で、LGBT の友達や人との違いに悩む友達の為に自分にできる配慮や工夫等を考え、グループで話し合うことができるようにする。

２　違ってもいいということ、自分のふつうをおしつけないことが大切だという事を捉え、自分のこれからの生活を見直そうとする態度を身に着けることが出来る

準備　学習プリント、アンケート、仮面ライダーの玩具、ぬいぐるみ、サインボール、キティのタオル

段階	学習活動と予想される子どもの反応	教師の具体的な支援、留意点
導入	1　黒木、高津の自己紹介の中で二人の宝物当てゲームを行い、めあてについてかんがえる。 仮面ライダー　ぬいぐるみ　サインボール　キティのタオル 黒木 シスジェンダー女性 → 仮面ライダー 高津 トランスジェンダー男性 → ぬいぐるみ ・二人とも意外な答えだよ ・男らしくなくて、へんだな ・普通、仮面ライダーを好きなのは男の子じゃないかな ふつうとはなんだろう	○挙手をした子どもの中から、そう思った理由を言える子どもに理由を発表させる。 ※子どもの集中を削がないよう、導入に使った小物は片づける
展開	2　LGBT について知り、自分の生活についてふりかえりながら自分にできる事を考え、グループごとに話し合いクラスで意見を出し合う。 (1)　金川中学校放送部の動画や、高津の話を聞き、LGBTの友達に対して、あるいはもしクラスにLGBTの友達がいたら、自分に何が出来るか考え、グループで話し合う。 ・男女仲良くできたらいいな ・着替えとか、体育とか大変そうだね ・からかったりする人に注意することも大切 ・言ってくれてありがとうって、いえたらいいね (2)　グループで話し合った意見をまとめ、クラス内で交流する。 ・人の違いを笑ったり、バカにしたりしない ・周りのひとにも注意する ・その人の気持ちを大切にし、その人らしさを尊重する	○話し合いが進まないグループには、「もしクラスにトランスジェンダーの子がいて相談されたら」「友達がゲイだとからかわれていたら」等の具体的な例を提示する。 ※机間巡視中に、事前にグループ内で発表する子どもを決めておく ○ふつうをおしつけない、ちがってもいいといった、大切なキーワードになるものは色を付けておく。
終末	3　これらのことは、LGBT だけでなく人の好みや男女間でも大切であることに気づき自分が実践していくこと、そして周りの友達にも広めていくことが大切だということを捉える ＜大切にしてほしいこと＞ ・ちがってもいいんだよ ・ふつうをおしつけない	○人の好みや男女間でも大切であることへ気づきの為、導入を想起させる。 ＜二人からのお願い＞ 授業をうけていない友達や家族の人にも今日の授業のことを教えてあげる

次に、高津がトランスジェンダーであることを開示して自らの体験談を語った。小さい頃に男女の区別の中で女子の扱いを受けた違和感や、カミングアウトをした際に「麦は麦だよ」と男女ではなく自分らしさを認めてくれた友人の発言が力になったことなどに触れた。

この段階で、児童には、性別違和がない場合でも「男だから」「女だから」「ふつうは」というなにげない区別が、時に自分らしさを押さえ込むものになったり、人を傷つけたりすることもあることが了解されたようであった。また、自分自身が嫌な思いをしたことにも思いあたり、逆に、その人らしさを尊重することで苦しい状況にいる友人に力を与えることも理解されたようだった。そこから児童に対し、一三人に一人はLGBT当事者ということから、もし周りにLGBTの友達がいたらどう行動するか、自分が今日からできることは何かについて問いかけを行った。児童は班で話し合い、それぞれの班の意見を教室内で出し合った。それぞれの班では、「男女関係なく遊べたらいいよね」「もし仲良しの友達にLGBTだって言われたら」など、男だから女だからを気にしないですむ環境づくりについて具体的に考えたり、自分のこととして真剣に考えたりする様子が多くみられた。ここでは、児童たちの話し合いに耳を傾けたり発言を促したりしつつ、自分がこれからどうするかの意思決定を助け、アライを生むような展開を心がけた。

終末では、黒木が、黒板にまとめた意見を振り返りつつ、LGBTだけでなく様々な人との違いに悩んでいる友達の助けにもなることと、めあてにもある、ふつうは人それぞれ違うことを示した。「違ってもいい」「自分のふつうを押し付けない」という二つを大切にしてほしいことを伝えるとともに、まだ「ふつう」を押し付ける事態が生じる可能性にも言及し、この授業を受けていない他のクラスの友達や、家族、地域で今日の授業のことを話してあげてほしいとまとめた。

この終末段階は、学校から家庭・地域への発信や、学校・家庭・地域の連携や理解の広がりを意識したものである。

一でも述べたように、LGBT当事者による授業は、そのリアルな経験を間近で聞き問題の具体性を受け止めることにつながる。また逆に、非当事者である担任や授業担当が行う授業は、これは当事者だけの問題ではなく、みんなで考えるべき問題だと意識させる効果をもつ。今回の授業では、授業者の一人である高津に当事者という面も持たせてどのような対応に傷ついたり力づけられたりするか、児童の思考を深めることにつなげた。他方、ＬＧＢＴ非当事者という面を持つ黒木が「違ってもいい」「自分のふつうを押し付けない」と話すことで、児童にこの問題はＬＧＢＴ当事者だけでなく自分やみんなにもかかわる問題だと認識させやすくすることを狙った。

授業の前後では、ＬＧＢＴについて「知っているし、あるていど意味を説明できる」「ことばは知っているが意味はわからない」「ことばを聞いたことがない」という選択肢で知識を問うアンケートを行った。授業前は「聞いたことがない」が八八・六％「言葉は知っているが意味はわからない」が一一・四％であったが、授業後は「知っているし、あるていど意味を説明できる」が九一・四％という結果となった。また、学んだことやこれから行いたいことを記述式で書いてもらう形にしたが、ほとんどの児童が一〇×二〇㎝の回答欄を半分以上埋めるほど充実した感想を書いてくれた。大半の回答で「ふつうを押しつけない」「自分や相手の好きなものやその人のあり方を大切にする」「男らしさ女らしさに当てはめない」といった内容に言及があった。以下はその一部である。

○自分のふつうをおしつけて相手がいやな気持ちにならないようにしたいと思いました。家に帰ってお母さんとかに「ＬＧＢＴ」のこととかを教えてあげたいと思いました。

○この学習を通して、「この人、男なのに」など周りで言っている人を見つけたら「その人にはその人の個性があるんだよ」ということを教えてあげようと思いました。

○人は、すぐ決めつけや差別をするけどそれに納得するのではなく、注意しないといけないたちばになったので注意できるようにがんばりたいです。

○人それぞれ個性があった方が楽しいということが分かりました。この授業で学んだことを家族や友達に話して、いろんな人に「ＬＧＢＴ」という言葉を広めたいです。そしてみんなが楽しくいられるクラスにしたいです。

今後の課題としては、こうした子どもからの発信を、どのようにセーフ・スペース（ありのままの自分を開示して交流できる居場所）の作成につなげるか、家庭・地域への理解につなげるかということがあげられる。コミュニティが拡大すればするほど様々な意見が出てくる可能性がある。今後は、教員として、正しく肯定的な知識を伝達し、理解をひろげるために行動するアライを生む授業を行うとともに、子どもたちによる行動を見守り支援していくことが大切だと考えている。

※本稿での授業実践を行うにあたり、様々な方にご協力をいただきました。見学授業を引き受けて下さったReBitと講師の進藤夏葉さん、福岡市立内浜小学校・原西小学校の先生方、学校をご紹介下さった山口裕之先生、山口千穂先生、学校紹介に加え指導案も参考にさせていただいた北村淳子先生、皆さまに感謝申し上げます。本企画については、福岡市ＮＰＯ活動推進補助金を得て実施しました。

（くろき　まい・福岡教育大学学部在学生）
（たかつ　むぎ・福岡教育大学学部在学生）
（きた　かみよ・ＮＰＯ法人福岡ジェンダー研究所、福岡教育大学）

注

1　表記について、調査や論文タイトルなどではＬＧＢＴが一般的であるが、著者の高津が所属する学生サークル名は「ＬＧＢＴQサークルにじいろ」としている。ＬＧＢＴに限定されない多様性を表示し、そして学校教育段階ではQ（クエスチョニング）の状態にある児童生徒もいることからそのようなサークル名にしたということがあり、そうした主張を含めてここで（Q）表記を入れている。また、男女どちらでもないXジェンダーにも言及する場合もあり、以下では適宜それぞれの表記を用いることとする。

2　福岡市教育センター『平成二九年度研究報告書　児童生徒の確かな人権感覚の育成をめざして』には、同教材を使った授業研究が紹介されている。

3　朝日新聞（西部）二〇一四年四月九日「多様な性を皆で考えよう　ＬＧＢＴ、増える学校授業『差異認め尊重し合って』」

4 日高庸晴、二〇一五、「教員五九七九人のLGBT意識調査レポート www.health-issue.jp/kyouintyousa201511.pdf
5 三輪真裕美、二〇一六、「LGBTに関する教職員意識調査の結果から見えてきたもの」『ヒューリアみえ研究紀要』四号。
6 朝日新聞 二〇一七年五月二七日「LGBT、教員研修広がる　都道府県・指定市の6割　参加は7％止まり」
7 日高庸晴、二〇一六、「LGBT当事者の意識調査」www.health-issue.jp/reach_online2016_report.pdf
8 奥村遼・加瀬進、二〇一七、「教員養成系大学生が有するLGBTの知識・理解・学習経験に関する調査研究：T大学におけるアンケート調査を手がかりに」『東京学芸大学紀要』六八巻二号。
9 岩永直子、二〇一八、「偏見を強める動きに抵抗するために　熊谷晋一郎氏インタビュー（四）」『BuzzFeed News』 https://www.buzzfeed.com/jp/naokoiwanaga/kumagaya-sugitamio-4
10 日高庸晴、二〇一七、「学校に求められるLGBTの児童生徒への理解と支援」『日本教育』四六八号。
11 遠藤まめた、二〇一七、「教育現場と〈多様な性〉：誰も置き去りにしないために」『世界』八九五号。
12 薬師実芳・古堂達也・小川奈津己・笹原千奈未、二〇一四、『LGBTってなんだろう？』合同出版。
13 戸口太功耶・葛西真記子、二〇一五、「性の多様性に関する教育実践の国際比較」『鳴門教育大学学校教育研究紀要』三〇号。

特集　LGBTQ教育は今　――表現活動――

LGBTQと社会包摂――表現という視点から

中村美亜

一　はじめに

LGBT（もしくはLGBTQ）という言葉が広く知られるようになった。二〇一八年の広辞苑の改定でも「LGBT」という項目が加わった［注1］。しかし当初それは「多数派とは異なる性的指向をもつ人々」と不正確に定義され、訂正騒動に発展した［注2］。たしかにLGBTの最初の三文字（LGB）は「多数派とは異なる性的指向をもつ人々」で間違いはないが、最後のTはそうではない。最終的には「広く、性的指向が異性愛でない人々や、性自認が誕生時に付与された性別と異なる人々」等と訂正されることになり、事態は収束した［注3］。しかし言葉のプロである広辞苑の編纂者も誤解していたという事実は、この言葉を理解することの難しさを表していると言えるだろう。

本稿では、表現という視点から、LGBTQに関わる言葉の背景について考えた後、多様な人たちが共存する社会を築いていくために必要と思われることについて述べてみたい。前半では、LGBTQという言葉が生まれた経緯を振り返り、広辞苑が誤解していたと思われる性自認の概念について詳しく見ていく。前半の主眼は、言葉の意味を説明することではなく、なぜこのような概念が登場する必要があったのかを論じることから、LGBTQの表現の権利について考えていくことである。後半では、多様な人たちが共存する社会を築いていく上で鍵となる社会包摂という概念を紹介し、それを達成するために必要なポイントについて言及する。後半の記述は、筆者が専門としている多様な人たちの表現活動に関する研究をもとにしているが、教育の場にも応用できる内容だと考えている。

二　ＬＧＢＴＱとは何か

ＬＧＢＴＱは、レズビアン、ゲイ、バイセクシュアル、トランスジェンダーなどの性的少数者を意味する言葉の頭文字を並べたもので、これらの人々を表す総称である［参考文献②］。しかしＬＧＢＴＱそれぞれを厳密に定義しようとすると、混乱が生じてくる。先にその理由を言うなら、ＬＧＢＴＱという言葉が当事者のアイデンティティを表現するもので、第三者による分類や分析を拒む性質を持っているからである。

まず混乱が生じがちな点をいくつか見ていこう。例えば、最初のＬは通常「レズビアンのことで、女性を好きになる女性」と定義される。しかし「一般の女性でも、女性を好きになることはある」と聞かれると、説得力のある答えを見つけ出すのは難しい。「レズビアンの場合は、女性に性的な興味がある女性」と答えるのが模範解答と思われるが、もし「性的な興味ってどういうこと」と聞かれたら、返答に窮するだろう。「性的な興味」は曖昧だから、「肉体関係」と言い換えたとしても、今度は何をすれば「肉体関係」になるのかということになり、迷宮入りしてしまう。そもそもレズビアンの中には「肉体関係」ではなく、「精神的なつながり」を大切にする人もいるので、「肉体関係」と言い換えるのはおかしい。

加えて言うなら、一度男性と結婚して子供がある人でも、レズビアンと名乗る人がいる。最初は「ふつう」（異性愛者）だったけれど、ある時期からレズビアンに変わったのか？それとも最初からレズビアンだったが、それに気づかず結婚して子供を産んだのか？

このケースでは、バイセクシュアル（両性愛）とレズビアンの違いにも混乱が生じてくる。バイセクシュアルは、男も女も好きになる人なのだから、この人はレズビアンではなくてバイセクシュアルなのではないか？生まれながらに女性が好きだとレズビアンで、大きくなってからだとバイセクシュアルなのだろうか？しかし生まれたばかりの赤ちゃんに性的指向はあるのか？遺伝子によって決定されるのか？いやいや、そんな遺伝子が見つかったとは聞いていない。

さらに言えば、女と自認するトランスジェンダーが、女性を好きになる場合も、レズビアンとされる。この人はもともと男なのだから、異性愛ではないか？なぜレズビアンとわざわざ言う必要があるのか？

このように厳密に考えようとすればするほど、混乱が増してくる。どうしてこんなややこしいことが起きるのだろうか。

その答えは、ＬＧＢＴＱをめぐる呼称が、多数派からの偏見や差別を伴ったラベリングに抵抗する表現として生まれたものだからだ。レズビアンやゲイは、もともと「ホモ」（homophile, homosexual）と呼ばれていた。しかしこの言葉に付されたスティグマから逃れるために、レズビアンやゲイという言葉を当事者たちが用いるようになった。バイセクシュアルは、男も女も好きになることのある人たちが、レズビアンやゲイとは違う人たちもいるのだと声を上げるために生まれた。バイセクシュアルにとって、好きになる人がどの性別に属すかは重要ではない。性別にとらわれずに人を好きになる人たちが、バイセクシュアルなのだ。だから、レズビアンやゲイとバイセクシュアルは心情的に大きく異なる。

一方、トランスジェンダーは、トランスセクシュアル（transsexual）に代わる言葉として生まれた。これらの人たちは、もともと同性愛者の一部とされていたが、当時スティグマ化されていた同性愛者とは一線を隠すためにトランスセクシュアルという言葉を用いた。しかしトランスセクシュアルは、病理化（心の性とからだの性が不一致な病気＝性同一性障害）によって存在が正当化されていたため、「病気ではない」ことを主張するためには、別の言葉が必要となった。そうした中、当事者が自分たちのアイデンティティをポジティブに語る言葉として、トランスジェンダーは誕生した。

後述するように、「セックス」（sex）は生物学的要因に基づく性別二分法を、「ジェンダー」（gender）は社会的要因に基づく性別二分法を意味する。トランスセクシュアルは、セックス（身体的な性別二分法）をトランスする（超える）ことに力点があるのに対し、トランスジエンダーは、ジェンダー（社会的な性別）をトランスする（超える）ことに力点がある。

一方、Q（queer, questioning）は、「LGBTのどれにも属さない人もいる」ということを示す言葉として使われる。クィアというのは、もともと「風変わりな」という意味の侮蔑語だった。LGBT（とくにゲイが）「クィアで何が悪い」と逆手にとって、自分たちのことを呼んだことがきっかけで社会に広まった。今では「男女の二分法にあてはまらない」など、LGBTのいずれかに回収されることを拒む人たちが、自分たちのアイデンティティを表す言葉として用いることが多い。

このようにLGBTQは、当事者たちの切実な叫びとして、運動の内側から生まれた言葉だった。アイデンティティやコミュニティを表す言葉であるため、当事者にとってはそれぞれの違いは重要なものとなるが、第三者にはわかりにくい。歴史的背景を無視して、LGBTQを客観的に分類しようとすると理解に苦しむことになる。

三　性自認とは何か

修正された広辞苑の定義には、性的指向に加えて、性自認という言葉が加わった。性自認とは、自分がどの性別に属するかという認識である。通常は、誕生時に付与された性別と、それ以降に自分が属していると認識する性別は一致しているため、性自認は問題とならない。しかしそれが一致しない人たちがいる［参考文献①、③］。

よくある誤解に、性自認は性的指向によって決まるというものがある。例えば、女が好きな女は自分を男と認知する、あるいは、男が好きな男は自分を女と認知する、というものである。たしかにテレビなどでは、男性同性愛者の「オネエタレント」と呼ばれる人たちが「女っぽく」振舞っているのをよく目にする。しかし彼らは自分を女性と認知しているわけではない。加えて言うと、男が好きな男が、みな「女っぽく」振る舞うわけでもない。

私たちはふだん、見た目、振る舞い、言葉使い、好み、食事の量、好きになる人など、さまざまな観点から人を男女に判別している。経験によって身につけた「男」と言われる人たちの特徴と「女」と言われる人たちの特徴を勘案して、男か女かを判別するのである。通常、服を脱がせてからだを観察するようなことはしない。

このように私たちの社会には、性別を判断するための二つの基準がある。一つは、「セックス」と呼ばれる身体的基準に基づく性別、もう一つは、「ジェンダー」と呼ばれる社会的に構築された性別である。ジェンダーにおいて、何を各性別の「特徴」と見なすかは、育った家庭や周囲の環境に左右されるため、一概には定義できない。しかし日常の社会では、それがあたかも真実かのように堅固に存在する。ジェンダーは知らないうち内面化されるので、それが性別に関する真実だと誤解するのだ。別の言い方をすれば、私たちの社会では、男女の基準が、知らないうちに身体的なセックスではなく、社会的に身につけたジェンダーに擦り変わってしまうのである。

ところが私たち人間は、それとは逆に、一人一人が多様な発達を遂げる。誕生時に授かる遺伝子が違うのはもとより、生育環境も違うので、それぞれが異なる経路をたどるのである。その結果、自分にとって自然な振る舞いをすると、それが社会の一般的な振る舞いから著しくかけ離れたものになるという状況が生じることがある。それは、通常、社会的逸脱として認識される。

しかしその振る舞いが、自分が出生時に付与された性別ではなく、反対の性別であったのであれば、社会的逸脱とは認識されないという状況が生じることがある。このような逸脱が発達の過程で累積していくと、自分の性別に対する違和が顕在化するようになる。これが性別違和という状態である。いったんそのように発達し、アイデンティティとして確立してしまうと、自分の性別に対する認知、つまり性自認はまず変わらない。

このように性自認というのは、性別違和として顕在化するもので、単に自分がどちらの性別に属していると認識するかということとは異なる。実際、トランスジェンダーの人たちは、身体的基準に準じる場合、自分がどちらに分類されるかは知っている。知っているからこそ、違和として認識されるのである。

以上から明らかなように、性自認は、自分が好きになる相手の性別（性的指向）によって決まるものではない。性的指向が性自認に影響を与えることはあるかもしれないが、これらは全く別の概念である。したがって、ＬＧＢＴを性的指向のみで説明するのは誤りということになる。性自認は、日常的な自分の欲望や振る舞いから導かれ、それが自分自身のあり方を支えるアイデンティティとして確立されたものなのである。

四　ＬＧＢＴＱの表現の権利

これまでＬＧＢＴＱの言葉が生まれた背景や性自認の意味について詳しく見てきた。多くの異性愛者は「自分は異性愛者だ」と名乗る必要はないが、ＬＧＢＴＱは自分のアイデンティティをカミングアウト（公言）しなければならない。そうしなければ、自分を維持することができなくなってしまうからだ。ここに表現と生きることの不可分な関係が現れる。

表現というと、絵を描くことや、楽器を演奏することを思い浮かべる人が多いだろう。子供の頃書いた詩や作文、学芸会の演劇や運動会のダンスを思い出す人もいるかもしれない。成人の日常生活に目を向けるなら、ヘアスタイルを整えたり、服や靴を選んだりすることが、身近にある表現だろう。しかし表現はそれにとどまらない。ちょっとした日常会話も、些細な振る舞いも、人に愛を伝えることも、みな表現である。私たちは、さまざまな表現をしながら、日常の生活を送っているのである。

表現は、すでにある素材の組み合わせから生まれる。私たちは、意識するかしないかはともかく、自分の身体を使って、身の回りにある素材を組み合わせて、表現を行う。その組み合わせは、自分のこれまでの経験と、今ここで進行している体験の総体によって決定される。「自分のこれまでの経験」というのは、それまでに実際に体験したことや、知識として取り入れたものを指す。「今ここで進行している体験」というのは、現在の状況に対する自分の身体反応のことを指すが、それすらも、自分が生まれもったからだと、それまでに培った経験に基づいて発達した感覚に由来している。つまり、何かを表現するということは、今ここで何かをすることにとどまらず、自分のからだと経験、つまり、その人の生と深く結びついているのである。

したがって、自分が切実に表現したいと感じていることと、例えば、誰かを愛していると言うことや、愛情を持っている人を抱くことが永遠に制限されるとすれば、それは、その行為だけでなく、その人の存在自体をも否定されることになる。なぜなら、人を愛すること、人のからだに触れることは、人が社会の中で生きる上で欠くことができない切実なものだからである。

LGBTQに理解のない保守派の人たちは、LGBTQは単なるわがままで、我慢が足りないと言う。しかしその人のアイデンティティと深く関わる切実な表現を認めないというのは、その人の存在の権利を認めないということに等しい。生きることと表現は密接に結びついているからだ。

これ以外にも、LGBTQには、表現に関するハードルがいくつかある。一つは、自分が多くの人とは異なる性的指向や性自認であることをカミングアウトする際に、性に関わる話をしなければならないことである。私たちの社会は、性的な表現に関して複雑な態度をとっている。一般的には性はタブーである一方、親密な人どうしでは親密度を表す表現として機能する。多くの人にとって、このダブルバインドは都合がいいが、LGBTQに関しては厄介なものとなる。まず、周囲の仲間どうしの親密さを表す際に用いられる性的な会話に同調できないということが起こる。その一方で、自分が親密さを表現しようしても、周りの人には理解されそうにないという状況が生まれる。

結果的に、LGBTQは、次の二つの選択肢のどちらかを選ぶことになる。一つは、その場の雰囲気を壊さないように適当に話を合わせる、もう一つは、そうした場に居合わせないようにする、である。ただ、前者を選択しても、誠実な人は、自分が他人に嘘をついているように感じて自己嫌悪に陥り、最終的には後者を選択するようになる。これは、カミングアウトをする前はもちろんだが、カミングアウトをしてからでも継続されることである。日常の生活空間には、男女の話、恋愛の話、夫婦の話、家族の話など、性に関わる話は溢れかえっている。日常の生活では、LGBTQの表現権は抑圧されているのである。

筆者は、以前、首都圏でLGBTQが中心に活動している音楽サークルが集まって開催する「プレリュード」という音楽祭について調査したことがある［参考文献④］。その際、興味深かったのは、多くの人たちが「この人たちといっしょに音楽をするのが楽しい」と言っていたことだ。中には、プロとして音楽活動する人たちもいたが、ここで音楽をするのが一番楽しいと語っていた。メンバーどうしでの会話で、恋愛やセックスについて語るのに、気兼ねする必要がないのはもちろんだが、練習やミーティングなどの場でも、一般的な男女の役割にとらわれない会話が行われる。コンサートの選曲の際にも、異性愛でない人でも感情移入しやすい歌や楽曲が選ばれ、プログラミングされる。つまり、ここに参加する人たちは、ただ単に自分が何者かを理解してほしいというだけでなく、自分が自然と思うように表現することが許される場を欲しているということだ。

ただし音楽祭そのものは、LGBTQに特化した内容ではない。出場サークルの中には、異性愛の（最近では「アライ」と呼ばれるような）人たちも少なからず所属していたし、コンサートの客席には、家族や友人たちもいた。つまり、一般の人たちが共感できる内容でありながらも、LGBTQが排除されない場になるように、選曲や舞台づくりに工夫が施されていた。ちょっとした創意工夫を積み重ねるだけだったが、それによって参加する多様な人たちが生き生きと表現できるようになり、その場の雰囲気は大きく変化する。ここに多様な人たちが生きる社会を築いていく上でのヒントが隠されている。

五　社会包摂と表現活動

近年、社会包摂という言葉がしばしば聞かれるようになった。［注4］英語の social inclusion の訳語だが、カタカナで「ソーシャルインクルージョン」、あるいは「社会的包摂」と言われることもある。社会的に弱い立場に置かれている人たちを排除するのではなく、包摂する社会を築いていこうという概念だ。一九九〇年代にヨーロッパで、社会的排除の対になる言葉として生まれた。

ヨーロッパでは一九七〇年代に、ノーマライゼーションという言葉が広がった。ノーマライゼーションというのは、それまで社会から排除されていた障害のある人たちが、他の人たちといっしょに〈障害の有無で区別することなく〉社会生活を送れるようになることを目指すという考え方である。ところが、理念的には、障害のある人を一般の人と同等に扱うことは正しくても、現実では、障害のある人を一般の人と同等に扱っていると、いろいろ問題が起きる。例えば、就労に関する基準を、障害のある人にも一般の人と同じようにあてはめると、障害のある人は「できない人」になってしまう。いっしょに社会生活を送るというのは、同じことをしなければならないということとは異なるはずだ。

そこで登場したのが社会包摂という概念だ。障害のある人を無理に一般の基準にあてはめるのではなく、違いのある人たちを、違いを尊重したまま受け入れる社会を目指そうという考え方である。社会的に排除され、孤立傾向にある人たちは、障害のある人だけではない。貧困を抱える人、移民・外国人、高齢者、病気を抱える人、災害の被災者、そしてＬＧＢＴＱなどさまざまだ。

日本では、二〇〇〇年に厚生労働省でこの言葉が取り上げられ、広まった。文化庁では、二〇一一年の〈文化芸術の振興に関する基本的な方針（第３次）〉ではじめて言及され、対策が講じられるようになった。欧米をはじめ、日本でも、社会で排除されていたマイノリティの人たちが、表現活動を通してエンパワメントされた〈自信を獲得し、能力を発揮できるようになった〉事例や、多様な人たちがともに創造活動を行うことで、相互の関係が深まる事例が数多く報告されたからだ。

しかし日本の現状を見ていくと、社会包摂を単純に社会参加と読み替えただけの取り組みも少なくない。マイノリティの人たちに表現の機会を与えることで満足していたり、マジョリティの活動にマイノリティが加われるようにしただけで目標が達成されたと勘違いしたりしていることがあるようだ。何もしないよりはましかもしれないが、これでは、マイノリティがエンパワメントされることも、多様な人たちどうしの相互関係が深まることも期待できそうにない。では、どうすれば社会包摂に貢献する活動ができるようになるだろうか。

まず、社会包摂という言葉は、理想的な社会のあり方を指す言葉、大きな目的〈ヴィジョン〉なので、具体的な目標を示す言葉に翻訳する必要がある。例えば、関係性を表す言葉に翻訳すると、「多様な人たちが、共に協力し合う関係を築く」という意味に、さらにこれを、個人の変化を表す言葉に翻訳すると、社会的に弱い立場の人がエンパワメントされる（自己肯定感や自己効力感が高まる）となる。ただし、弱い立場の人たちだけが変わっても、大多数の人が変わらなければ社会全体は変化しない。そこで、マジョリティの人たちが、マイノリティの人たちがどのように感じているかを考える、あるいは、同じ人間がどうしてマイノリティとマジョリティに分けられるのかを理解することも重要になる。

つまり、社会包摂に貢献する表現活動を実施しようとするなら、「多様な人たちが共に協力し合う関係を築くことができるように、マイノリティの人たちがエンパワメントされ、マジョリティの人たちがマイノリティについての理解を深める」という目標を設定しなければならない。では、どうすればこのような目標を達成することができるのだろうか。

一番簡単なのは、（1）両者が直接に対話をする機会をつくることだ。マイノリティが排除されがちなのは、マジョリティがマイノリティを直接知らないことが一番の原因とされる。対話をする機会ができれば、相互の考え方に変化が生じる。もし対話が難しければ、いっしょに何かをつくる、あるいは、表現することでも構わない。一つの体験を共有することが、つまり共有の記憶をもつということが、両者の関係性に変化を及ぼす。

次に大切なのは、（2）どちらか一方が優位になる関係を作らないことだ。マイノリティがマジョリティの仲間に入れるようにするというのも一つの方法だが、マジョリティを中心に考えるのでは意味がない。異なる立場の人たちが協働して何かをするのであれば、どういうやり方がよいかをしっかり考えることが大切になる。もしこの話し合いを、相互の対話を通してすることができれば、それがベストだろう。

もう一つ重要なのは、（3）計画変更を厭わないことだ。前述のように、目標は、「多様な人たちが共に協力し合う関係を築くことができるように、マイノリティの人たちがエンパワメントされ、マジョリティの人たちがマイノリティについての理解を深める」ことである。それを達成するために、どのような活動をするとよいのかを、臨機応変に考えていくことが肝心だ。やっている間に目標を見失い、見栄えのいい成果を出すことが優先されることも多いが、そうなっては元も子もない。参加している多様な人たちが、生き生きできるようにするにはどうすればよいか、一方の人たちだけでなく、双方の人たちが生き生きと取り組むことができるようにするためには、どのような工夫が必要か。これを考えることが、もっとも重要な点だ。そのためには、勇気をもって当初の計画を変更することも大切になる。

このように、（1）相互対話の機会をつくり、（2）どちらか片方が優位にならないようにしながら、異なる立場の人たちが協働するために、どのようなやり方が最善かを考えていけば、表現活動が社会包摂につながる確率が高まる。その際には、（3）計画変更を厭わず、予期しない結果がもたらされることを歓迎する気持ちが肝要だ。

以上のことを別の角度から捉え直すなら、社会包摂につながる表現活動を行う際には、次の二つのことが必須と言うことができる。一つは、当初想定されていなかった新しいやり方で活動が行われるようになること、もう一つは、活動を通して生まれた成果が、マイノリティだけでなく、またマジョリティだけでなく、双方の存在を讃えるような内容になっていることだ。これらの二つが満たされた時、表現活動が社会包摂へとつながる確率が飛躍的に増大する。

六　おわりに

本稿では、広辞苑の訂正問題を皮切りに、前半では、LGBTQという言葉が生まれた経緯、性自認という概念が必要とされた背景を概観し、LGBTQにとっての表現の権利について考えた。後半では、社会包摂という概念を紹介し、社会包摂を達成するための表現活動のあり方について考えてきた。ここでは表現活動について論じたが、教育の場にも応用できる内容になっているのではないだろうか。

表現するという行為は束の間の出来事かもしれない。しかしいっしょに表現を創造した体験は私たちの記憶に残る。その記憶が意識にのぼることはないとしても、未来の体験は、過去の経験を通じて発達した脳神経や感覚器官に支えられるのだから、このことを過小評価することはできない。多様な人たちといっしょに表現活動を行なった共有の記憶を蓄積していくことが、多様な人たちと共存する社会を築いていくことにつながるはずである。

（なかむら　みぁ・九州大学大学院芸術工学研究院准教授）

注

1. 十年ぶり改訂―広辞苑発売「ブラック企業」や「LGBT」…一万項目を追加、『日本経済新聞』二〇一八年一月十二日、夕刊。
2. 「LGBT」の説明 修正検討―岩波書店 改訂の広辞苑に新収録、『日本経済新聞』二〇一八年一月十六日、朝刊。
3. 広辞苑第七版 岩波書店が訂正と謝罪―「LGBT」と「しまなみ北海道」、『日本経済新聞』二〇一八年一月二十六日、夕刊。
4. 本節での記述は、近日刊行予定のハンドブック『社会包摂につながる芸術活動―多様性を尊重する文化の醸成に向けて（基礎編）』（仮）に基づいている。

参考文献

①中村美亜『心に性別はあるのか?―性同一性障害のよりよい理解とケアのために』医療文化社、二〇〇五年。
②中村美亜『クィア・セクソロジー―性の思い込みを解きほぐす』インパクト出版会、二〇〇八年。
③中村美亜「性同一性障害―議論されてこなかった問題の本質」、吉岡斉編集代表『新通史・日本の科学技術―世紀転換の社会史一九九五年～二〇〇一年』第三巻（第六部 ジェンダーと市民活動）原書房、四〇九～四三二、二〇一一年。
④中村美亜『音楽をひらく―アート・ケア・文化のトリロジー』水声社、二〇一三年。

特集 LGBTQ教育は今 ―歴史的背景―

LGBTQについて考え、語ること
―普遍性と多様性のあいだ―

野々村 淑子

本稿は、LGBTQについて考える、語るということ自体の難しさについての小論である。

歴史研究が性やセクシュアリティを含む身体を対象にし始めたのは最近のことである。男女の二元的な性を前提とした異性愛は、婚姻制度と、婚姻に反する姦通や売春などの双方で現出する。三成美保によれば、法的に保護される婚姻に対して、姦通や売春などは法的制裁をうけた。それに対して、「自慰、獣姦、男色、レズビアンなどの非（反）異性愛的な性行動は、前近代キリスト教社会では放任と抑圧の間を揺れ動き、前近代の中国や日本では寛容と無視の間を揺れ動いた」という。それ以前の西洋においては、ギリシャ、ローマ時代が同性愛に寛容であったことはよく知られている。その後「一七世紀後半から『不健全』な性愛行動を治療しようとする『性愛の治療化』」が始まる。それは、「同性愛性行為が『ソドミー』という宗教上の大罪（「自然に反する罪」）に問い、死刑に処してきたキリスト教的伝統を克服するための新しい論理であった。しかし、近代市民社会の規範となった性愛二元論は、同性愛者に対する新たな差別をもたらすことになる」[1]。

さらに、半陰陽（身体の構造的に男性とも女性ともみなされる）という存在が、連続的な性差観念のなかに位置づいていたことも既に指摘されている。近代社会の成立過程で、性差二元論に裏打ちされた男女の異性愛夫婦による家族が社会の単位として位置づけられ、権利主体が定義され、権利思想が展開されるなかで、女性や被支配地域の人々と同様に、しかし異なるかたちで、今日LGBTQとされる人々のさまざまな権利、人権はその議論から抜け落ちたといえる。[2]

ここでは、その人権を保障しようと希求し、考える、語るということそれ自体が現在置かれている状況について整理してみたい。私たちが、LGBTQについて考えたり、語ったりするときに何に留意すべきなのか。それについて議論していくための基礎作業である。まずはLGBTQとは何かということを語るということについて論じた上で、人権についての普遍性の議論と、多様性を重視する議論のあいだで、何がおきているのかを辿ってみようと思う。

一　定義と可視化の困難さと陥穽

(一)　カテゴリー化するということ

LGBTQとは何か。まずは一般的な定義から始めてみよう。LGBTとは、レズビアン、ゲイ、バイセクシュアルという性的指向と、トランスジェンダーという性別違和を指す。Qは、これらの定義をずらす意味をもってここに置かれている。「クィアQ（queer）」の原義は「変態」であり、もとは蔑称として使われていた。しかし、一九九〇年代にあえて「クィア」を肯定的に用いることにより、ジェンダー／セクシュアリティの「中心／周縁」「規範／逸脱」といった権力構造を攪乱（かくらん）し、新たな世界の可能性をさぐろうとする理論や実践が登場した。つまり、女としても、男としても、さらにLGBTとしても、そのようなカテゴリーに区分され、その定義に当てはまる存在として捉えられるということ自体を拒否し、またそのようなカテゴリー化それ自体に疑義を呈しようとする動きを示している。[3]つまり、真っ向から反論したり、プロテストしたりするのではなく、定義づけられた範疇をずらし、その定義自体を成り立たなくさせたり、規範とされるものの内容や根拠の脆弱性を明るみにしたり、無効化したりするという実践である。

レズビアン、ゲイの違いも、実は簡単には整理できない。一般的には、レズビアンは「女性として女性を愛する」、ゲイは「男性として男性を愛すること」とされる。つまり、「出生時に付与された性別に違和感はない」すなわち「シスジェンダー（cisgender, transgender の対義語）」の人々の性的指向を指している。では、トランスジェンダー、ないしインターセックスの人の性的指向はどのように説明するのか。さらに性自認（女であるか男であるか）を男女どちらかに限定しない、という人、ないしあり方も存在する。[4] それらの人々の性的指向はどのように名指されるのか。あるいは名指すことはできるのか。名指すこと自体、シスジェンダーないし異性愛という規範とは異なる存在として、新たにカテゴリー化し、周縁化することを意味することになるのではないか。そして、名指されることによって、周縁化された存在としてのひとつのアイデンティティをもって生きることを受入れることになるのではないか。クィアという概念は、そもそもこうした定義づけそのものが有する権力性を回避するための戦略的用語である。すなわち、そうした構造そのものをずらし、攪乱することで、そこに働く権力関係を骨抜きにするという戦略である。ＬＧＢＴについて、医学的、生物学的、心理学的な異同や特徴を究明し、明確化し、詳細な定義をすること自体が、このクィアという戦略に反する実践なのである。

(二) 可視化するということの危うさ

そして、さらに考えなければならないのは、いわゆる女性差別、女性であることによって社会のなかで受ける様々な問題とは異なる、あるいはそれと複合化される問題状況である。ＬＧＢＴＱについて可視化されている現象や人々はかなり部分的である。また、可視化する、ないし可視化させること自体が非常に困難である、もしくは暴力的な行為にもなりかねない。

日本の同性愛抑圧の状況を、中里見博は、キース・ヴィンセント、河口和也、掛札悠子等の論を借りつつ「『抹消』される存在」とまとめている。

> 日本の同性愛抑圧を、ゲイ・スタディーズのキース・ヴィンセントは「日本型ホモフォビア」「おとなしいホモフォビア」と呼ぶ。そこでは、同性愛が「あからさまな憎悪や撲滅の対象」となることは「例外的」だが、それはホモフォビアの不存在を意味しない。それは「隠されている」のであり、「権力とは隠されていてこそ最も良く機能する」。河口和也も、日本の抑圧を「真綿で首を締める」ようと表現し、「迫害」でも「差別」でもない「寛容」すなわち「一見すると差別とはカテゴリー化されないような否認・抑圧の形態」「口当たりのよさによ

る抹消（無効化）」と述べている。レズビアンのライター掛札悠子は、女性の主体的なセクシュアリティの存在を認めない男性優位社会において、「女」であるレズビアンに生じる特有の抑圧を指摘した上で、レズビアンは「抹殺（抹消）され」ていると述べる。[5]

　このような状況をふまえつつ、中里見はこのようにまとめている。

　日本では同性間の性行為は禁止されていないため、その権利を獲得することは課題となっていないし、同性愛差別が社会問題となることはほとんどなく、同性婚の法的・社会的承認を要求する運動も社会的影響力はまだ小さい。

　だが、当事者が「生きることができなくなりそう」なほどの同性愛恐怖と排除は確実に存在し、その存在が同性愛者にカミングアウトをほとんど不可能にしている。同性愛者がカムアウトできないがゆえに、同性愛問題の可視化や権利運動も進展しないという悪循環が成立している。性的マイノリティの人権を擁護し、解明し、確立する諸学問を発展させる努力は、そうした悪循環を断つためにも急務である。[6]

定義、カテゴリー化も難しく、あるいはカテゴリー化することと自体が権力的であり、可視化すること自体が「抹消」される存在となりかねない。私たちは、性自認、性的指向において、ここまで生きにくい社会に生きている、ということをまずは理解すべきなのだろう。

二　個人的なことは政治的なことである

(一)　国際社会におけるＬＧＢＴＱの権利保障と政治

　しかしながら、奇妙なことに、国際社会における性的指向・性自認に関する人権保障の推移に詳しい谷口洋幸によれば、そこで主導的な役割を果たしてきたのは日本政府だという。

　（二〇〇八年）国連総会に「性的指向と性自認の人権」と題する六六カ国の共同声明が提出された。あまり知られていないが、日本はこの声明の原案提出国のひとつである。その後、国連人権理事会で採択された「性的指向と性自認の人権決議（SOGI決議）」でも、ロシアやイスラーム諸国が反対票を投じる中、日本は二〇一一年、二〇一四年の二度にわたり賛成票を投じた。この決議にもとづいて公式パネル討議や国連人権高等弁務官の報告書が作成されている。最近の報告書では、性的指向や性自認にもとづく差別解消の措置として、同性どうしの関係性やその子どもたちに異性間の婚姻と等しい保障を与えることが明示的に勧告されている。これらの動きを主導すべく、二〇一二年には一一の国と地域、および人権高等弁務官と二つの国際NGOによって「LGBTコアグループ」が結成された。これもあまり知られていないが、日本は一一の国と地域のひとつに名を連ねている。このように、国連における性的指向の人権保障において、日本は賛成しているだけではなく、むしろ、その中心的な役割を買って出ている。[7]

ここに記された一連の動きのなかでも、LGBTQの国際的権利保障において重要なのは、二〇一一年の国連人権理事会で採択された「性的指向と性自認の人権決議（SOGI＝Sexual Orientation and Gender Identity 決議）」であるといわれている。賛成国（二三）、反対（一九）、棄権（三）の国々は以下の通りである。

賛成・・アルゼンチン、ベルギー、ブラジル、チリ、キューバ、エクアドル、フランス、グアテマラ、ハンガリー、日本、モーリシャス、メキシコ、ノルウェー、ポーランド、大韓民国、スロヴァキア、スペイン、スイス、タイ、ウクライナ、グレート・ブリテンおよび北部アイルランド連合王国、アメリカ合衆国、ウルグアイ

反対・・アンゴラ、バーレーン、バングラデシュ、カメルーン、ジブチ、ガボン、ガーナ、ヨルダン、マレーシア、モルジブ、モーリタニア、ナイジェリア、パキスタン、カタール、モルドバ共和国、ロシア連邦、サウジアラビア、セネガル、ウガンダ

棄権・・ブルキナファソ、中国、ザンビア[8]

この結果のみから、この攻防の背景に何があったのか

を断定するのは難しい。しかし、この後に、SOGI決議に反対していた諸国が提案し、採択された「人類の伝統的価値観のより良い理解を通じた人権および基本的自由の促進決議」（伝統的価値決議、二〇〇九年、二〇一一年、二〇一二年）と「家族の保護決議」（家族決議、二〇一五年採択）への推移は[9]、この問題が、個々人の価値観や志向性、権利意識の層であると同時に、国家や宗教そのものの在り方を揺るがす非常に重要な政治的問題を包含することを示していよう。否、個々人の価値観や志向性と、国家や宗教の根幹を左右し得る価値が交叉する地点だからこそ、人々の関心が世界的舞台にも及び、政治的アジェンダとして注目を浴び、解決し難い対立が続いているといえる。

この問題について、谷口は「SOGI決議とTV決議（伝統的価値決議）および家族決議の対立構図は、一九九三年のウィーン人権会議において一応の終息を迎えた人権の普遍性と相対性の論争を彷彿とさせる」[10]と論じている。どちらが正義なのかという問いに答えることは至難である。至難であるばかりではなく、この攻防の基底にある価値をめぐる国際政治への理解を抜きに、その問いへの答えを急いではならない。日本政府がSOGI決議において主導的な動きをしたことも、にもかかわらず国内の保障においては積極的ではないことも、こうした国際政治の文脈において理解しうることであろう。

さらに、一連の調査報告を経て、二〇一五年に文部科学省より出された通知「性同一性障害に係る児童生徒に対するきめ細かな対応の実施などについて」や、その後の周知が[11]、以上のような人権に関する国際的議論やそこでの日本の位置とどう関係するのかということも精査すべき点であろう。

(二) 戦後民主主義社会の前提

性に関する事柄が、政治的なアジェンダであることは、現在既に人口に膾炙しているといってよいだろう。LGBTQに関して政治家が公的な場で意見を言うのは、明らかに政策に関係しているからである。そしてそれが大きな社会問題として、さまざまなメディアで議論されている。それは、日本だけではない。それ故に、国際社会の舞台で、前項のような対立が起きるのである。

本節のタイトルにある「個人的なことは政治的なことである」という標語が使われたのは、一九六〇年代末、女性解放運動のなかでであったことは知られている。[12]性に関すること、子育てや夫婦の役割や関係性など、家族や親密圏に関する様々なプライベートなことを、公共的な問題として捉え、政治的議事にしようという運動の戦略であった。この運動、なかでもこの戦略を選んだグループは、その目的そのものが達成したかどうかは別として、個人的事柄を個人的な志向性、関係性やその選択に閉じ込めるのではなく、政治的舞台へと議論の場を広げたという戦略においては成功したといえるだろう。その後、シスジェンダーとしての女性にとどまらない、より広い人々の性に関する事柄に関して、国内だけではなく、国際政治の場をアリーナとして議論が広げられることになる。

　ここで、この「個人的なことは政治的なことである」という標語が叫ばれなければならなかった背景をおさえておこう。

> 　権利の言説は西洋の伝統では長い歴史を持つ（イギリスでは多少風変わりな歴史を持つのだが）。しかし、一九七〇年以降のフェミニストやゲイ政治のなかでは、特にジェンダーや性的アイデンティティ、関係の選択に関する場面では権利の言語は明らかに欠落していたといえる。一九四五年以降の福祉国家の定着は市民権、権利、資格に関する特定の見解に大きく依拠しており、異性愛の家族を前提として市民権／社会権を大きく制限してきた。[13]

　生活保障の枠組、国民の幸福を議論し、それを保障していくさまざまな仕組みそのものが、二元的な（女性／男性という）性とその役割に応じた、性別領域分離主義に基づく家族の在り方に基づいてつくられている。両親（父と母の役割が区分されている）と子どもからなる、モデル家族による家族生活をより快適に送るための保障、つまり雇用、賃金、労働の制度、福利厚生や年金制度、保健制度などが整えられてきた。その家族形態に沿う形での生き方を、権利として保障していくという前提が、ここにはある。

　福祉国家の政治体制とその歴史をここで包括的に論じることは難しいし、家族観も、ジェンダー規範、性別領域分離主義の在り方も多様である。[14] しかし、西欧近代の、または西欧近代型の人権、市民権思想成立の歴史からは、女性、植民地の人々といった人々が、当初からその主体たりえず、後々にその権利獲得のための運動が発生したことは周知の通りである。主権の単位が、男性＝夫＝父親であり、異性愛夫婦とその子どもという自然法的家族観をもとに市民社会が成立したのである。[15]同性愛者を含むＬＧＢＴＱの人々は、もとより権利主体としては想定されていなかった。

女性や旧植民地の人々と同様に、ＬＧＢＴＱの人々もまた、政治の場における権利は、西洋の男性のさらにその一部の人々の権利をスタンダードとして、その権利を自分たちにも広げてほしい、ないし分けてほしい、という要求にならざるを得ない。つまりスタンダードが異性愛夫婦を単位とした、男性が代表者の権利であるという枠組自体に触れ、それを覆すことは非常に難しい。性別領域分離主義の軛を越えた男女の権利を実質的に保障する議論が困難なのは、男性の育児休業取得や、女性率が増えない職種や職位などの問題からも明らかである。既存の権利保障を女性にも与えよう、という考え方にならざるを得ないという状況である。それは、国家、社会の仕組自体が、性別領域分離主義を伴った家族主義を規範的な単位として機能しているからである。

ＬＧＢＴＱの人権保障についても、特に同性パートナーシップの権利について、異性愛結婚の模倣に過ぎないとする意見もある。[16]デンマークを皮切りに、一九九〇年代から世界各国で次々に導入されつつあるシヴィル・パートナーシップ、またはシヴィル・ユニオン等、同性カップルの法制化について、同性愛者の権利が保障されたと理解するには多くの議論が必要である。セクシュアリティと親密性の歴史家であり、社会学者であるJ.ウィークスの研究のなかでも、このテーマを特に「本書の白眉」とする、監訳者の赤川学のあとがきからまとめてみよう。

同性婚を承認するシヴィル・パートナーシップ法（（イギリスでは：引用者注）二〇〇四）の制定に関しても、ウィークスは、保守派は反対、リベラル派は賛成と単純に色分けできないことを指摘している。例えば急進的なクィアの中には、同性婚を異性愛という価値への屈服の象徴とみなす人がいる。逆に保守派の中にも、同性愛者を結婚という伝統的制度に繋ぎとめる方法として賛成する者もいる。しかしウィークスがインタビューした、ある同性愛者が述べたように、彼らは異性愛者と平等な権利を主張しつつも、彼らの違いが尊重されることを望んでいたし、ブレア政権は「英国的妥協」の精神でシヴィル・パートナーシップ法の制定を粛々と進めた。LGBTの人々も政治的立場には拘泥せずに、権利、責任、コミットメント、承認という言語に依拠しながら、シヴィル・パートナーシップ法を受入れたのである。[17]

ここにおいても、先の国際社会における議論と同様に、人権思想における普遍性と相対性の対立がある。あるいは、人権思想における普遍性と個別性、普遍性と多様性のパラドックスということができるだろう。

異性愛にもとづく結婚が普遍性をもっている社会では、それと同様の権利を得ることができるシヴィル・パートナーシップ法は、その権利を獲得する方法として有効である。しかしそれは多様な形態も認めようとする一方で、結婚とは違う制度であるという分断の線を新たに引いてしまうことになるのである。

どのような価値観が、またどのような文化が普遍性を有しているのか、何が当たり前なのか、何がふつうなのか。私たちがふつうであるとか、当たり前だなどと思っていることは、大抵の場合、歴史のどこかでそう思いこまされるような出来事を経由している場合が多い。そして、重要なのは、普遍性を標榜するということは、そうでない在り方を普遍ではない、つまり特殊であるというレッテルを貼り、普遍性に沿うことを要請するようになる、ということである。その要請の仕方は、力づくというよりも、福祉や支援という柔らかい形をとることが多い。福祉国家の問題性がここにある。

おわりに　多様性尊重という言葉が覆い隠してしまうもの

本稿は、LGBTQについての定義や可視化の危うさについて触れた上で、国際社会における、また市民社会における政治的争点としての問題を指摘した。ふつうかふつうでないか、という区分自体が権力的な行為となりうるのである。

しかし、近年の男女共同参画推進や、女性活躍推進の政財界の議論において、多様性、「ダイバーシティ」という言葉が頻繁に使用されるようになった。多様性とは、ふつうであることも、ふつうでないことも、両方含みつつ、その両方を認める。少なくともそのようにみえる議論である。しかし、この言葉は、女性のみならずL

ＧＢＴＱや、その他のマイノリティの生き方をさらに窮屈なものにしてしまいかねないことを最後に指摘しておきたい。

一小路武安によれば、ダイバーシティという言葉が新聞記事のなかでは、二〇〇六年あたりから、雇用機会均等、ないしアファーマティブアクションやポジティブアクションといった言葉をおさえて、躍進的に登場するようになったという[18]。

ダイバーシティとは何を指すのか。そもそもこの言葉は、アメリカの経営論のなかで、アファーマティブアクションの代替用語として注目され、一九九〇年代中盤から使われ始めたという[19]。女性の雇用だけではなく、男女の働き方や生き方、エスニシティ、人種、障碍者、性自認、性的指向など、さまざまな多様性を許容し、促進することと自体によって、組織としても利を得ようとする経営論である。ここで意味するダイバーシティ、つまり多様性とは、マイノリティとして処遇されていた人々の考え方や在り方をも重視するという意味である。そして、一小路がいうように、日本においては、主として女性雇用の問題として主に使われているようである。

一見すると、非常に理想的な方針であるように思える。しかし、先にも述べたように、ＬＧＢＴ（Ｑないしｉ）という、定義づけることも難しく、さらに可視化することと自体が権力性を帯びてしまう領域は、ダイバーシティという大括りの概念のなかに埋もれてしまう。マイノリティとされる人々は、ひとりひとりの個人的な事情、個人的な事柄において、規範との対立やずれがあり、そのこと自体が個々に暴力的に作用している。それゆえに、「個人的なことは政治的なこと」なのである。

しかしながら、それらを全て含むダイバーシティ、多様性を重んじるという志向性は、それらの個別性を限りなく無化していくことになるだろう。J.バトラーが、女の視点というフェミニズムの志向性そのものが全ての女性たちを一括りに論じてしまい、権力性をもってしまったと論じたが[20]、この多様性尊重も同じことではないか。

多様性尊重とは、人事労務管理的にも、マーケティング戦略としても、組織にとっては有益なものとなるといえるかもしれない。しかし、ダイバーシティ、多様性という言葉の包括性は、マイノリティとされてきた個々の人々にとっては、アファーマティブアクションよりもさらに、標語やスローガンとしてのみの響きになってしまいかねない。

注

1　三成美保「総論　尊厳としてのセクシュアリティ」三成美保編著『同性愛をめぐる歴史と法―尊厳としてのセクシュアリティ』明石書店、二〇一五年、二一－六八頁。また、J.ボズウェル『キリスト教と同性愛――一～一四世紀西欧のゲイ・ピープル』国文社、一九九〇年（原著一九八〇年）

2　また、近代以前のワンセックスモデルから、解剖学、生物学的知見によるツーセックスモデルの成立については、T.ラカー『セックスの発明――性差の観念史と解剖学のアポリア』工作舎、一九九八年（原著一九九〇年）。ジェンダー概念については、野々村淑子（拙稿）「ジェンダー研究の現状と課題―ジェンダー概念の有効性への疑義とその歴史化をめぐって―」『部落解放史・ふくおか』福岡県人権研究所、二〇〇五年。

3　同上書、三成美保「ＬＧＢＴＩ（いわゆる性的少数者）の権利保障をめぐって」『女性学評論』第三二号、二〇一八年、「【用語】ＬＧＢＴ／ＬＧＢＴＩ／ＬＧＢＴＱ／セクシュアル・マイノリティ」『Gender History ジェンダー視点で歴史を読み替える』比較ジェンダー史研究会、奈良女子大学生活環境学部生活文化学科比較法文化研究室（三成美保）http://ch-gender.jp/wp/?page_id=14809（二〇一九年一月三〇日検索）等を参考。

なお、ＬＧＢＴＩという言葉の意味するところについては、周知のことであると思われるが、ひとまず整理をしてみよう。まず、主に国際社会の人権保障の文脈で使われるとされるＬＧＢＴＩのＩは、インターセックス、つまりどちらかの性に認知されえない状態、半陰陽、性分化疾患などと訳される。

4　原ミナ太「同性愛解体――ＬＧ（レズビアン／ゲイ）二元論から、性的指向の一つへ」三成美保編著『同性愛をめぐる歴史と法』（前掲書）ＣＯＬＵＭＮ２、一七五－一八一頁。

5　中里見博「「同性愛」と憲法」三成美保編著、前掲書、七五－七六頁。

6　中里見、同上書、一〇一頁。

7　谷口洋幸「『同性婚』は国家の義務か」『現代思想［特集］ＬＧＢＴ――日本と世界のリアル』二〇一五年、一〇月号（Vol. 43－16）、55－56頁。

8　SOGI決議については、谷口洋幸「『同性愛』と国際人権」（三成美保編著、前掲書、一六八－一六九頁）を参照。国際連合広報センターのウェブサイト、「人権」「ＬＧＢＴ」において、日本語訳を参照することができる。国名は、国連発表の通りとした。
http://www.unic.or.jp/activities/humanrights/discrimination/lgbt/　および
http://www.unic.or.jp/files/a_hrc_res_17_19.pdf
なお、ＳＯＧＩ決議に至る過程で重要な役割を果たしたのが、二〇〇六年に採択されたジョグジャカルタ原則である。同原則は、二〇〇六年一一月にインドネシアのジョグジャカルタの国際会議で、国際法律家委員会や元国連人権委員会委員、及び有識者たちによって議論され、採択された。翌二〇〇七年三月、国連人権理事会にて承認された。全部で二九原則からなる。『Gender History ジェンダー視点で歴史を読み替える』(前掲) http://ch-gender.jp/wp/?page_id=1460 (二〇一九年二月三日検索)。

全文は以下。http://yogyakartaprinciples.org/principles-en/about-the-yogyakarta-principles/;

http://data.unaids.org/pub/manual/2007/070517_yogyakarta_principles_en.pdf

なお、この原則は、二〇一七年一一月一〇日に更新された。下記はアジア・太平洋人権情報センター(ヒューライツ大阪)による記事である。

https://www.hurights.or.jp/archives/newsinbrief-ja/section4/2017/12/lgbti10201711.html

更新版(「ジョグジャカルタ+10」(YP+10))の全文は以下。

http://yogyakartaprinciples.org/principles-en/yp10/

9 伝統的価値決議は、ロシアから提出され、三度の決議を得ている。家族決議の賛否両国名については、下記に詳しい。山崎喜博(平和政策研究所主任研究員)「『多様な家族の形』却下し『家族保護』を決議 —国連人権理事会が採択—」『IPP政策ブリーフ』VOL.3、二〇一五年九月二〇日発行。ここでは、「今年七月、国連人権理事会が「家族の役割と保護」を謳った決議を賛成多数で採択した。同理事会はこれまで性的少数者の人々の人権尊重を進めてきたが、結果として家族の理念が変質してきたことに歯止めをかけようとする決議だったことは明らかだ」とある。多様性とは、固有の伝統や文化とされるものを含むのかどうかについてのアポリアが個々にある。この問題については、「おわりに」に述べる。

10 谷口洋幸「国連と性的指向・性自認」『国連研究』日本国際連合学会、一六号、二〇一五年、一二三-一四〇頁。

11 渡辺大輔「学校教育をクィアする教育実践への投企」『現代思想 [特集] LGBT——日本と世界のリアル』前掲書、二二〇-二二七頁。

「学校における性同一性障害に係る対応に関する状況調査について」(平成二六年六月)

「性同一性障害に係る児童生徒に対するきめ細かな対応の実施等について」(平成二七年四月)

「性同一性障害や性的指向・性自認に係る、児童生徒に対するきめ細かな対応等の実施について(教職員向け)周知資料」(平成二八年四月)

文部科学省ホームページ、「人権教育」「その他に関する参考資料」

http://www.mext.go.jp/a_menu/shotou/jinken/sankosiryo/1322256.htm (二〇一九年二月三日検索)

12 藤野寛「『個人的なことは政治的なこと』の意味するところ――その誤解に次ぐ誤解について」井川ちとせ・中山徹『個人的なことと政治的なこと――ジェンダーとアイデンティティの力学』渓流社、二〇一七年、第一章、二〇–三八頁。なお、本文献には、キャロル・ハニシュによる「個人的なことは政治的なことである」（一九六九年、このタイトルを付したのはハニシュ自身ではないという）の翻訳が自身の序文とともに掲載されている。

13 J.ウィークス『われら勝ち得し世界――セクシュアリティの歴史と親密性の倫理』弘文堂、二〇一五年（原著、二〇〇七年）。

14 田中拓道『福祉政治史――格差に抗するデモクラシー』勁草書房、二〇一七年。田中は、アメリカ、イギリス、ドイツ、フランス、スウェーデンと日本の福祉国家の形成・変容過程を約一〇〇年にわたるタイムスパンのなかに位置づけ、将来像を展望している。家族は、田中の分析視角の中心ではないが、特に日本では「『脱家族主義』への転換がいちじるしく遅れ、少子化に歯止めがかからなくなっている」としている（二六二頁）。

15 浜林正夫『人権の思想史』吉川弘文館、二〇〇九年（第三刷、第一刷は一九九九年）・

16 J.ウィークス、前掲書、第七章、特に三一五頁から。

17 同上書、三七九頁。

18 一小路武安「日本におけるダイバーシティ概念の社会的受容――新聞記事データの分析から」『経営論集』八八号、二〇一六年、東洋大学経営学部、二九–四二頁。これは、筆者の身の回りでも起きていることである。文部科学省は、二〇〇六年度から二〇一四年度まで実施した女性研究者を支援、養成する「女性研究者研究活動支援事業」を、二〇一五年度より「ダイバーシティ研究環境実現イニシアティブ」として位置づけ実施している。全国の大学における男女共同参画推進ないし女性研究者支援の事業は、ダイバーシティという言葉のもとで進められている。

19 Gilbert, J.A., Stead, B.A, and Ivancevich, 'Diversity Management: A New Organizational Paradigm'; *Journal of Business Ethics* 21, 1999, pp.61-76.

20 J.バトラー『ジェンダー・トラブル――フェミニズムとアイデンティティの攪乱』青土社、一九九九年（原著一九九〇年）。

（ののむら　としこ・九州大学・教育史）

特集　ＬＧＢＴＱ教育は今　—法律の視点から—

性的マイノリティ支援と家庭教育支援法案～包摂か排除か

二宮周平

はじめに

本稿は、キャンパス・セクシュアル・ハラスメント全国ネットワーク第二四回全国集会in福岡のシンポジウム「大学におけるダイバーシティ政策と官製キャリア・プラン～性的マイノリティ支援と『家庭教育』政策」（二〇一八年九月二日）における報告を基に原稿化したものである。一見すると異なるテーマのようだが、サブタイトルの前者は多様性の承認につながり、後者は特定の家族像の強要につながる点で、表裏の関係にある。シンポジウム企画者の慧眼だと思う。以下、二つのテーマを概説し、読者のみなさんにその関係性を問いかけたい。

一　性的マイノリティ支援の動向

（一）同性婚の承認へ向けて

二〇一五年七月、同性婚人権救済弁護団は、当事者四五五名の氏名を明らかにして、日本弁護士連合会に対して、内閣総理大臣・法務大臣に同性婚法案を国会に提出するよう勧告することおよび衆議院議長・参議院議長に同性婚法案を制定するよう勧告することを求めて人権救済申立てをした（同性婚人権救済弁護団編『同性婚～だれもが自由に結婚する権利』〔明石書店、二〇一六〕）。

二〇一六年一一月、日本家族〈社会と法〉学会のシンポジウム「家族法改正～その課題と立法提案」は、「異性又は同性の二人の者は、婚姻をすることができる」という婚姻の性中立化規定を提案し、異論をみなかった（南方暁「婚姻法グループの改正提案～婚姻の成立」家族〈社会と法〉33号（二〇一七）九八～九九頁）。

二〇一七年九月、日本学術会議法学委員会「社会と教育におけるＬＧＢＴＩの権利保障分科会」は「提言　性的マイノリティの権利保障をめざして―婚姻・教育・労働を中心に―」を公表し、提言の一つとして、婚姻の性中立化を実現する民法改正を明記した（日本学術会議ウェブサイトの提言から検索、ダウンロード可）。

学術の世界では、同性婚を選択肢として保障しようとしている。確かに日本国憲法二四条一項は「婚姻は、両性の合意のみに基づいて成立し」と規定していることから、同性婚は婚姻の自由に含まれないようにも読める。しかし、本規定の立法趣旨は、明治民法の家制度の下、婚姻には戸主の同意が必要であり、婚姻が親や戸主の意向のままに決められることが慣例だったことから、これをなくすために、あえて「のみ」を挿入して規定したものである。当時、同性愛は精神疾患とされており、同性婚は想定外だった。したがって、本規定は同性婚を否定するものではない。

かつて婚姻は、生殖・保育を確保するために存在した。現在でも夫婦が子を生み育てることは、社会的に期待されてはいる。しかし、夫婦に生殖能力があっても、避妊や人工妊娠中絶により親とならない自由がある。高齢や身体的な事情で生殖能力のない夫婦も婚姻することができる。性関係をもつことさえ婚姻の必要条件とはいえない。婚姻と生殖・保育の一体性は失われており、婚姻は主として夫婦の個人的利益の保護を目的とするものに変容した。

婚姻が当事者に与える法的・経済的利益として、夫婦相互の扶養の権利、夫婦財産上の権利、配偶者相続権、離婚の際の経済給付、社会保障上の各種の受給権、税法上の特典などがあり、心理的・社会的利益として、夫婦の人間関係の安定、情緒的満足、社会生活上の地位の強化などがある。個人がこれらの利益を求めて婚姻しようと考えたときに、異性カップルであれば、生殖や性関係の可能性がなくても、さらに臨終間際で共同生活の可能性すらなくても婚姻を認めながら、同性カップルであれば、自然の生殖能力を除けば夫婦の実質を伴っていても婚姻を拒否することに合理的な根拠はあるだろうか。個人の婚姻の自由を制限するに足りる国家的、社会的利益はあるだろうか（青山道夫・有地亨編『新版注釈民法（21）親族（1）』（有斐閣、一九八九）一七八〜一七九頁〔上野雅和〕）。

二〇〇〇年代以降、欧米を中心に同性婚を承認する国・地域が増加している。オランダ（二〇〇一）、ベルギー（二〇〇三）、スペイン、カナダ（二〇〇五）、南アフリカ、ノルウェー、スウェーデン（二〇〇六）、ポルトガル、アイスランド、アルゼンチン（二〇一〇）、メキシコ（二〇一一）、デンマーク（二〇一二）、ブラジル、フランス、ウルグアイ、ニュージーランド、英国（二〇一三）、ルクセンブルク、米国、アイルランド（二〇一五）、コロンビア（二〇一六）、フィンランド、マルタ、ドイツ、オーストラリア（二〇一七）、台湾、オーストリア（二〇一九予定）である。人が自己の性的指向に基づいてパートナーと親密な関係を形成し共同生活を営むことを、個人の尊重として保障すべきだとすれば、そして婚姻の役割が人格的な結びつきの安定化にあるとすれば、同性カップルを異性カップルと区別する必要はない。

（二）パートナーシップ証明

地方自治体が同性カップルに公的な証明書を発行する制度を立上げている（棚村政行＝中川重徳編『同性パートナーシップ制度』（日本加除出版、二〇一六）、二宮周平「パートナーシップ証明制度の意義と展開〜札幌市と台湾を例に」戸籍時報七五九号（二〇一七）一四頁以下）。東京都渋谷区（二〇一五年三月）を始めに、世田谷区（九月）、三重県伊賀市（二〇一六年四月）、兵庫県宝塚市（六月）、沖縄県那覇市（七月）、政令指定都市の札幌市（二〇一七年六月）、福岡市（二〇一八年四月）、大阪市（七月）、東京都中野区（八月）であり、二〇一九年には、千葉市、さいたま市、東京都豊島区、府中市、横須賀市、堺市、熊本市、長崎市などで導入が検討されている。

パートナーに法的な権利や義務を生じさせるものではないが、地域内の事業者、住民に対してパートナーシップ証明書を尊重し、公平、適切な対応するよう協力を要請する、市営住宅の入居、医療機関での手続などで活用することを市の広報で明記するなど事実上の効果があり、他方で、民間企業では、生命保険の死亡保険金受取人への同性パートナー指定、住宅ローン等をカップル共同で借りることを可とする、携帯電話の家族割、航空会社のマイレージ合算、クレジットカードの家族カードの発行、企業内の福利厚生で同性カップルを婚姻と同様に扱うなどの対応が始まっている。

（三）性的マイノリティにとって（一）（二）の意味は何か

同性婚や同性パートナーシップの公的承認制度の導入に至る過程で議論がなされ、導入後の周知を通じて、同性カップルの共同生活の存在が可視化され、同性愛を始め性的マイノリティへの偏見や差別を取り除く方向が生まれる。性のあり方の多様性の承認であり、カップル至上主義を目指すものではない。セクシュアリティは、個人の人格的生存にとって不可欠なものであり、それぞれの生き方を保障するためには、まず、差別なく、シングルで生きることの保障があり、その上でカップルとなった場合の共同生活保障として、パートナーシップ証明や同性婚の導入などが位置づけられるべきである（二宮周平編『性のあり方の多様性～一人ひとりのセクシュアリティが大切にされる社会を目指して』（日本評論社、二〇一七）二四～二五頁）。

しかし、利用は、自分たちが同性カップルであることを公にする（カミングアウト）ことにほかならない。性的マイノリティに対する偏見が強い現状では、相当の覚悟と勇気が必要である。虹色ダイバーシティの調べ（二〇一八年一一月末）によれば、前記の自治体のパートナー制度を使用したカップルは三一九組にとどまる。日本と同時期に制度が導入された台湾では三九五一組が利用している。日本ではまだハードルが高い。だからこそ、当事者を支える仲間や支援者の広がりが必要である。

（四）性同一性障害者の性別の取扱いの特例に関する法律」（二〇〇三年法律一一一号、二〇〇八年一部改正）の要件の見直し

身体の性と心の性（性自認）が一致しない人（性同一性障害者、現在は「性別違和」と表記することが多い）は、次の五つの要件を満たす場合には、家庭裁判所の審判によって戸籍上の性別を変更することができる。①二〇歳以上であること（年齢要件）、②現に婚姻をしていないこと（非婚要件）、③現に未成年の子がいないこと（子なし要件）、④生殖腺がないこと又は生殖腺の機能を永続的に欠く状態にあること（生殖不能要件）、⑤その身体に

ついて他の性別に係る身体の性器に係る部分に近似する外観を備えていること（外観近似要件）であり、④⑤は手術を要件とする（立法者説明として小野寺理「性同一性障害者の性別の取扱いの特例に関する法律」ジュリスト一二五二号（二〇〇三）六七頁以下）。二〇〇四年から二〇一六年まで六九〇六人が性別を変更している。

これに対して、各国の立法例では、③はない。親が幸せに生きることが子の幸せにつながるからである。また、②を削除したり、④⑤を削除する例が増えている（ドイツ、オランダ、オーストリア、スペイン、英国、スウェーデンなど）。二〇一四年、世界保健機構（WHO）は、手術の強制は医療の自己決定に反するとして、手術を要件から除くよう勧告している。さらに、医師の診断書も不要とし、身分登録機関への自己申告で足りる例も登場している（アルゼンチン、デンマーク、ノルウェー、アイルランドなど）。手術を要件としない場合、①の緩和も可能である。例えば、ノルウェーでは、一六歳以上は自己申告で、六歳から一五歳までは親権者とともに申告すれば足りる（渡邉泰彦「性的自己決定権と性別変更要件の緩和」二宮編・前掲書一九六頁以下）。

前掲・学術会議提言は、性別違和当事者の性的自己決定を尊重する観点から、これらの要件の見直しを提起している。

（五）相続法改正審議における多様性と性的マイノリティ

二〇一八年七月一三日、改正相続法が成立した。婚外子の相続分差別を廃止したことに伴い、法律婚配偶者の居住権保障などを目的に改正されたが、六月一三日衆議院法務委員会および七月三日参議院法務委員会の参考人招致では、家族の多様性への対応、性的マイノリティの保障が争点になったこともあり、衆議院法務委員会（六月一五日）、参議院法務委員会（七月五日）は全会一致で、以下の附帯決議を行った。

「政府は、本法の施行に当たり、次の事項について格段の配慮をすべきである。

一　現代社会において家族の在り方が多様に変化してきていることに鑑み、多様な家族の在り方を尊重する観点から、特別の寄与の制度その他の本法の施行状況を踏まえつつ、その保護の在り方について検討すること。

二　性的マイノリティを含む様々な立場にある者が遺

言の内容について事前に相談できる仕組みを構築するとともに、遺言の積極的活用により、遺言者の意思を尊重した遺産の分配が可能となるよう、遺言制度の周知に努めること。」

参議院法務委員会（七月五日）において、衆議院法務委員会附帯決議の内容確認を質された上川法務大臣は、「多様な家族の在り方等は、事実婚や同性のカップルを含む幅広い家族の在り方というものを意味する」と答弁し、また、二〇一三年九月四日の婚外子相続分差別を違憲とした最高裁大法廷が判旨の中で「家族という共同体の中における個人の尊重がより明確に認識されてきたことは明らかであるといえる」としたことについて、意見を求められ、「個人の尊重は極めて重要な理念であり、今後もそのような視点を十分考慮しつつ、社会経済情勢の変化も踏まえながら、親族、相続法制の見直しについて、要否を含めて検討していくことが重要であると考えている」と答弁している（二宮周平「改正相続法の検討（二）～特別の寄与と家族の多様性」戸籍時報七七一号（二〇一八）四～六頁）

このように社会的に、学術的に、多様性の承認と個人の尊重へ向けた潮流が存在する。これに対して、男女が同じ氏を名乗って婚姻し、性別役割分業を是とする固定的な家族観を持つ層からの危機感も露わになっている。その一例として家庭教育支援法案を検討する。

二　家庭教育支援法制定への動き

（一）経過

二〇一六年一〇月二〇日、自民党は「家庭教育支援法案（仮称）」（未定稿）を公表したが、国が家庭に介入する内容が顕著だったため、批判を受けた。そこで、条項の一部を削除、文言をいくつか修正し、二〇一七年二月二四日、自民党総務会で了承され、第一九三国会（二〇一七年一月～六月）に「家庭教育支援法の制定に関する請願」（一一件、署名四三二一名）があったものの審議未了となった。第一九六回国会（二〇一八年一月～七月）に同じく請願（一件、九〇一名）があったが、こちらも審議未了となっている。

（二）内容

同法の目的は、教育基本法（二〇〇六年法）の精神にのっとり家庭教育支援に関し基本理念を定め、国、地方公共団体等の責務を明らかにし、家庭教育支援に関する施策を総合的に推進することにある（同法案一条）。

理念として、家庭教育支援は、父母その他の保護者が子に生活のために必要な習慣を身に付けさせ、自立心を育成し、心身の調和のとれた発達を図るよう努めることにより行われるものとの認識の下に、また、支援は、家庭教育を通じて、父母その他の保護者において、子育ての意義についての理解が深められ、かつ、子育てに伴う喜びを実感できるように配慮して行われなければならないと記されている（二条）。

同法は、国や地方公共団体に対して、基本理念にのっとた家庭教育支援に関する施策を策定し、実施することを責務とし（三、四条）、地方公共団体、学校や保育所等の設置者、地域住民に対しても、「努めるものとする」という文言で一定の責務ないし役割を課す（五、六条）。こうした家庭教育支援施策の基本方針、内容を定めるのは、文科大臣である（九条）。規定の表現が変わっても、同法の本質は、家庭を国家主義的教育に取り込むことにある。

（三）なぜ支援法が必要なのか

二〇〇六年一二月、教育基本法が全面的に「改正」された。一九四七年三月制定の教育基本法の前文で記述されていた人間像、「個人の尊厳を重んじ、真理と平和を希求し」という文言の後に、「公共の精神を尊び」を挿入し、「普遍的にしてしかも個性ゆたかな文化の創造をめざす教育」を「伝統を承継し、新しい文化の創造を目指す教育」に変更した。

教育の目標（二条）では、「自律の精神を養う」、「公共の精神に基づき」という文言を用い、五号では、「伝統と文化を尊重し、それらをはぐくんできた我が国と郷土を愛するとともに、他国を尊重し、国際社会の平和と発展に寄与する態度を養うこと」を挙げる。二条で定める五つの目標にすべて「態度」を用いており、教育は知力・能力の習得から、態度を養うものへ変質した（本田由紀「なぜ家族に焦点が当てられるのか」本田由紀・伊藤公雄編『国家がなぜ家族に干渉するのか』（青弓社、二〇一七）一八～二〇頁）。

右の基本法成立後、当時の安倍内閣総理大臣は、談話において「この度の教育基本法改正法では、これまでの教育基本法の普遍的な理念は大切にしながら、道徳心、自律心、公共の精神など、まさに今求められている教育の理念などについて規定しています。この改正は、将来に向かって、新しい時代の教育の基本理念を明示する歴史的意義を有するものであります。本日成立した教育基本法の精神にのっとり、個人の多様な可能性を開花させ、志ある国民が育ち、品格ある美しい国・日本をつくることができるよう、教育再生を推し進めます。学校、家庭、地域社会における幅広い取組を通じ、国民各層の御意見を伺いながら、全力で進めてまいる決意です」と述べている。

こうした構造の中で、基本法一〇条は「家庭教育」を定めた。家庭教育支援法案二条はこの一〇条一項の文言、内容、すなわち、父母その他の保護者の第一義的責任、必要な習慣、自立心の育成、調和のとれた発達を踏襲したものであり、また、国及び地方公共団体は、家庭教育の自主性を尊重しつつ、保護者に対して家庭教育を支援するために必要な施策を講じるよう努めること（一〇条二項）、学校、家庭及び地域住民その他の関係者は相互の連携及び協力に努めること（一三条）を定めていた。まさに家庭教育支援法の骨格はここにある。

しかし、教育基本法成立後の文科省の取組みは、例えば、二〇一二年三月『つながりが創る豊かな家庭教育～親子が元気になる家庭教育支援を目指して』に見られるように、問題を抱える家庭への対症療法が中心であり、かつ、家庭が私的な場であることを認識し、国の介入への歯止めと国の果たすべき役割の限定も顕著だった。

文科省の家家庭教育支援のあり方では、二〇〇六年教育基本法で示されたと（彼らが解釈する）精神（「公共の精神を尊ぶ」人間像、「伝統を承継し、新しい文化の創造を目指す教育」内容を強調し、伝統と文化を「はぐぐんてきた我が国と郷土を愛する」こと）が家庭教育において実現されないおそれがある。だから、家庭教育支援法を作成し、文科大臣が具体的な内容を定めることができる根拠を与えようとしたのである（二宮周平「家庭教育支援法について」本田・伊藤編・前掲書三八、四七頁）。

（四）家庭教育支援条例

二〇一二年以降、都道府県では、熊本、鹿児島、静岡、岐阜、徳島、宮崎、群馬、茨城、市町村では、加賀市（石川県）、千曲市（長野県）、和歌山市、南九州市（鹿児島県）、豊橋市（愛知県）などで、家庭教育支援に関する条例を制定している。共通するのは、家庭教育の目的として「自制心」に言及し、一九四七年基本法が規定しているような「自主的精神」や「自発的精神」の文言はなく、教育を受ける者の主体性も示されていない。総体としてみれば、家庭教育支援法案が推し進めようとしている家庭教育の浸透を、地方公共団体が先駆けて協力する図式であり、家庭生活へ介入する側面が強い。

三　一と二の対抗関係

家庭教育支援法案やいくつかの自治体の条例で想定されている家族像は性別役割分業型家族であり、母親・専業主婦の推奨である。政府の婚活支援と合わさって、こうした家族像に疑問や批判を述べる人へのハラスメント、バッシングがある。しかし、家族の現実は変化している。一九七〇年と二〇一五年を比較すると、夫婦と子から成る世帯（四六・一％→二六・九％）とその他世帯（三世代世帯を含む）（二五・八％→九・四％〔三世代は五・七％〕）の著しい減少、単独世帯の著しい増加（一〇・八％→三四・六％）、婚姻件数の減少（一、〇二九、四〇五→六三五、一五六）と離婚件数の増加（九五、九三七→二二六、二一五）、五〇歳時の未婚率（生涯未婚率）の著しい増加（男性一・七％→二三・四％、女性三・三％→一四・一％）が特徴的であり、前述のような家族像はもはや標準的とはいえない。

二一世紀は、グローバルな人々の移動社会である。外国人と婚姻する日本人は婚姻件数の五％である。外国人労働者の受入れはこの数値をさらに上げるだろう。これまでのように異なる存在を排除することから、多様性を承認し、異なる存在を包摂する社会を目指す必要がある。性的マイノリティの支援はその表象の一つであり、家庭教育支援法案に見られる固定的家族観からの抵抗は現実適合性を欠いている。議論も政策もこのことを認識することから出発すべきではないだろうか。

（にのみや　しゅうへい・立命館大学法学部教授）

世界人権宣言（仮訳文）（外務省HPより）

※前号掲載分と未掲載分をあわせて掲載いたします。

前　文

人類社会のすべての構成員の固有の尊厳と平等で譲ることのできない権利とを承認することは、世界における自由、正義及び平和の基礎であるので、人権の無視及び軽侮が、人類の良心を踏みにじった野蛮行為をもたらし、言論及び信仰の自由が受けられ、恐怖及び欠乏のない世界の到来が、一般の人々の最高の願望として宣言されたので、人間が専制と圧迫とに対する最後の手段として反逆に訴えることがないようにするためには、法の支配によって人権保護することが肝要であるので、諸国間の友好関係の発展を促進することが、肝要であるので、国際連合の諸国民は、国際連合憲章において、基本的人権、人間の尊厳及び価値並びに男女の同権についての信念を再確認し、かつ、一層大きな自由のうちで社会的進歩と生活水準の向上とを促進することを決意したので、加盟国は、国際連合と協力して、人権及び基本的自由の普遍的な尊重及び遵守の促進を達成することを誓約したので、これらの権利及び自由に対する共通の理解は、この誓約を完全にするためにもっとも重要であるので、よって、ここに、国際連合総会は、社会の各個人及び各機関が、この世界人権宣言を常に念頭に置きながら、加盟国自身の人民の間にも、また、加盟国の管轄下にある地域の人民の間にも、これらの権利と自由との尊重を指導及び教育によって促進すること並びにそれらの普遍的かつ効果的な承認と遵守とを国内的及び国際的な漸進的措置によって確保することに努力するように、すべての人民とすべての国とが達成すべき共通の基準として、この世界人権宣言を公布する。

第一条

すべての人間は、生れながらにして自由であり、かつ、尊厳と権利とについて平等である。人間は、理性と良心とを授けられており、互いに同胞の精神をもって行動しなければならない。

第二条

1　すべて人は、人種、皮膚の色、性、言語、宗教、政治上その他の意見、国民的若しくは社会的出身、財産、門地その他の地位又はこれに類するいかなる事由による差別をも受けることなく、この宣言に掲げるすべての権利と自由とを享有することができる。

2　さらに、個人の属する国又は地域が独立国であると、信託統治地域であると、非自治地域であると、又は他のなんらかの主権制限の下にあるとを問わず、その国又は地域の政治上、管轄上又は国際上の地位に基づくいかなる差別もしてはならない。

第三条

すべて人は、生命、自由及び身体の安全に対する権利を有する。

第四条

何人も、奴隷にされ、又は苦役に服することはない。奴隷制度及び奴隷売買は、いかなる形においても禁止する。

第五条

何人も、拷問又は残虐な、非人道的な若しくは屈辱的な取扱若しくは刑罰を受けることはない。

第六条

すべて人は、いかなる場所においても、法の下において、人として認められる権利を有する。

第七条

すべての人は、法の下において平等であり、また、いかなる差別もなしに法の平等な保護を受ける権利を有する。すべての人は、この宣言に違反するいかなる差別に対しても、また、そのような差別をそそのかすいかなる行為に対しても、平等な保護を受ける権利を有する。

第八条

すべて人は、憲法又は法律によって与えられた基本的権利を侵害する行為に対し、権限を有する国内裁判所による効果的な救済を受ける権利を有する。

第九条

何人も、ほしいままに逮捕、拘禁、又は追放されることはない。

第十条

すべて人は、自己の権利及び義務並びに自己に対する刑事責任が決定されるに当っては、独立の公平な裁判所による公正な公開の審理を受けることについて完全に平等の権利を有する。

第十一条

1　犯罪の訴追を受けた者は、すべて、自己の弁護に必要なすべての保障を与えられた公開の裁判において法律に従って有罪の立証があるまでは、無罪と推定される権利を有する。

2　何人も、実行の時に国内法又は国際法により犯罪を構成しなかった作為又は不作為のために有罪とされることはない。また、犯罪が行われた時に適用される刑罰より重い刑罰を課せられない。

第十二条

何人も、自己の私事、家族、家庭若しくは通信に対して、ほしいままに干渉され、又は名誉及び信用に対して攻撃を受けることはない。人はすべて、このような干渉又は攻撃に対して法の保護を受ける権利を有する。

第十三条

1　すべて人は、各国の境界内において自由に移転及び居住する権利を有する。

2　すべて人は、自国その他いずれの国をも立ち去り、及び自国に帰る権利を有する。

第十四条

1　すべて人は、迫害を免れるため、他国に避難することを求め、かつ、避難する権利を有する。

2　この権利は、もっぱら非政治犯罪又は国際連合の目的及び原則に反する行為を原因とする訴追の場合には、援用することはできない。

第十五条

1　すべて人は、国籍をもつ権利を有する。

2　何人も、ほしいままにその国籍を奪われ、又はその国籍を変更する権利を否認されることはない。

第十六条

1　成年の男女は、人種、国籍又は宗教によるいかなる制限をも受けることなく、婚姻し、かつ家庭をつくる権利を有する。成年の男女は、婚姻中及びその解消に際し、婚姻に関し平等の権利を有する。

2　婚姻は、両当事者の自由かつ完全な合意によってのみ成立する。

3　家庭は、社会の自然かつ基礎的な集団単位であって、社会及び国の保護を受ける権利を有する。

第十七条

1　すべて人は、単独で又は他の者と共同して財産を所有する権利を有する。

2　何人も、ほしいままに自己の財産を奪われることはない。

第十八条

すべて人は、思想、良心及び宗教の自由に対する権利を有する。この権利は、宗教又は信念を変更する自由並びに単独で又は他の者と共同して、公的に又は私的に、布教、行事、礼拝及び儀式によって宗教又は信念を表明する自由を含む。

第十九条

すべて人は、意見及び表現の自由に対する権利を有する。この権利は、干渉を受けることなく自己の意見をもつ自由並びにあらゆる手段により、また、国境を越えると否とにかかわりなく、情報及び思想を求め、受け、及び伝える自由を含む。

第二十条

1　すべての人は、平和的集会及び結社の自由に対する権利を有する。

2　何人も、結社に属することを強制されない。

第二十一条

1　すべて人は、直接に又は自由に選出された代表者を通じて、自国の政治に参与する権利を有する。

2　すべて人は、自国においてひとしく公務につく権利を有する。

3　人民の意思は、統治の権力を基礎とならなければならない。この意思は、定期のかつ真正な選挙によって表明されなければならない。この選挙は、平等の普通選挙によるものでなければならず、また、秘密投票又はこれと同等の自由が保障される投票手続によって行われなければならない。

第二十二条

すべて人は、社会の一員として、社会保障を受ける権利を有し、かつ、国家的努力及び国際的協力により、また、各国の組織及び資源に応じて、自己の尊厳と自己の人格の自由な発展とに欠くことのできない経済的、社会的及び文化的権利を実現する権利を有する。

第二十三条

1　すべて人は、勤労し、職業を自由に選択し、公正かつ有利な勤労条件を確保し、及び失業に対する保護を受ける権利を有する。

2　すべて人は、いかなる差別をも受けることなく、同等の勤労に対し、同等の報酬を受ける権利を有する。

3　勤労する者は、すべて、自己及び家族に対して人間の尊厳にふさわしい生活を保障する公正かつ有利な報酬を受け、かつ、必要な場合には、他の社会的保護手段によって補充を受けることができる。

4　すべて人は、自己の利益を保護するために労働組合を組織し、及びこれに参加する権利を有する。

第二十四条

すべて人は、労働時間の合理的な制限及び定期的な有給休暇を含む休息及び余暇をもつ権利を有する。

第二十五条

1　すべて人は、衣食住、医療及び必要な社会的施設等により、自己及び家族の健康及び福祉に十分な生活水準を保持する権利並びに失業、疾病、心身障害、配偶者の死亡、老齢その他不可抗力による生活不能の場合は、保障を受ける権利を有する。

2　母と子とは、特別の保護及び援助を受ける権利を有する。すべての児童は、嫡出であると否とを問わず、同じ社会的保護を受ける。

第二十六条

1　すべて人は、教育を受ける権利を有する。教育は、少なくとも初等の及び基礎的の段階においては、無償でなければならない。初等教育は、義務的でなければならない。技術教育及び職業教育は、一般に利用できるものでなければならず、また、高等教育は、能力に応じ、すべての者にひとしく開放されていなければならない。

2　教育は、人格の完全な発展並びに人権及び基本的自由の尊重の強化を目的としなければならない。教育は、すべての国又は人種的若しくは宗教的集団の相互間の理解、寛容及び友好関係を増進し、かつ、平和の維持のため、国際連合の活動を促進するものでなければならない。

3　親は、子に与える教育の種類を選択する優先的権利を有する。

第二十七条

1　すべて人は、自由に社会の文化生活に参加し、芸術を鑑賞し、及び科学の進歩とその恩恵とにあずかる権利を有する。

2　すべて人は、その創作した科学的、文学的又は美術的作品から生ずる精神的及び物質的利益を保護される権利を有する。

第二十八条

すべて人は、この宣言に掲げる権利及び自由が完全に実現される社会的及び国際的秩序に対する権利を有する。

第二十九条

1　すべて人は、その人格の自由かつ完全な発展がその中にあってのみ可能である社会に対して義務を負う。

2　すべて人は、自己の権利及び自由を行使するに当っては、他人の権利及び自由の正当な承認及び尊重を保障すること並びに民主的社会における道徳、公の秩序及び一般の福祉の正当な要求を満たすことをもっぱら目的として法律によって定められた制限にのみ服する。

3　これらの権利及び自由は、いかなる場合にも、国際連合の目的及び原則に反して行使してはならない。

第三十条

この宣言のいかなる規定も、いずれかの国、集団又は個人に対して、この宣言に掲げる権利及び自由の破壊を目的とする活動に従事し、又はそのような目的を有する行為を行う権利を認めるものと解釈してはならない。

木村かよ子のスケッチブック（三八）

沈《じん》丁《ちょう》花《げ》
よい香りで
春告げる

2018、3、14
かよこ

前近代皮革業の構造（二）

――二〇〇〇年代以降の皮革史の動向と文献・論文――

のび　しょうじ

1　大きく、(〇) 動向　(一) 著作　(二) 論文に分けて (〇) では年次を追って記し、(一)・(二)は基本五〇音順とした。(〇) で触れた文献を (一) 以下で言及することもあれば省略した場合もある。掲載本の書評・紹介等については悉皆収録ではない

2　便宜二〇〇〇年から二〇一七年としたが、一部数年遡って記載しているものがある。また一八年に入ってからのものについても知り得た限りで書き加えた

3　前近代を対象とするが、世界史・近代についても広義に関係すると考えたものは収録した。(一)・(二) では外国皮革は後ろにまとめる処理をおこなった

4　業界専門誌『かわとはきもの』『皮革科学』掲載の論稿とりわけ連載については特別な処理をおこなった

（〇）二〇年の大きな流れ

a 底流を流れる草場・旦那場構造の再検討　関東と畿内

＊あまりそこにはいりこむことはせず、皮革業の前提として注目される研究のみ取上げる

東日本部落解放研究所編『旦那場』二〇一一／拙稿「一六・七世紀の旦那場諸相」（『被差別民たちの大阪』二〇〇七）／「河内国石川郡新堂皮田村の草場制」（『大阪の部落史』9史料編補遺　解説）二〇〇八／斃牛馬自由処理運動の顛末（『近世大坂と被差別民社会』二〇一五・二）／寺木伸明「江戸前期における草場の実態と死牛馬の取得状況・取得方式」（桃山学院大学　人間科学35　二〇〇八）／総合研究大学院大学葉山高等研究センタープロジェクト『ドメス

ティケーション・モデルの構築―博物館の視点から」（二〇一〇　科研費報告書）

b一九九九年大阪人権博物館特別展として「皮―今を生きる技」展が行われ、図録とは別に『近代皮革業と部落』が刊行される。藤沢靖介「近代初頭の皮革業・東京」／臼井寿光「近代前期西浜の皮革業」二論稿収録

c二〇〇〇年の初めから太鼓本が相次いで刊行をみた　浪速史料集／山本宏子／茂木仁史／小野美枝子／のび／一関市博企画展／外川パンプ、論文でものび〇二年・大島・服部・古川・村上などが発表された。太鼓・鼓・琵琶・三味線と深く関わる邦楽器調査として、国立音楽大学楽器学資料館『日本国内の伝統楽器に関する調査報告』３関東二〇〇五・４中部二〇〇一がまとめられた。国家的事業ともいえる悉皆調査が試みられており、アンケート項目や調査方法などに、注文はあるが画期的な事業と考える。既刊では１北海道一九八八　２東北一九九四がある。一九九〇年代後期に東京文化財研究所メンバーで行われた「古楽器調査」も新たな発見を伝えている

d二〇〇二～二〇〇六年正倉院所蔵皮革文物調査　出口他『正倉院紀要』28　二〇〇六・三出口公長「正倉院と皮革」①～⑫『かわとはきもの』（東京都立皮革技術センター）（136～147　二〇〇六・六～二〇〇九・三）連載

e二〇〇二～二〇〇八年にかけて、日本の研究者の手になる世界史範囲での皮革史（毛皮鞣しと交易）が相次いで公刊されたこと。西村三郎『毛皮と人間の歴史』（紀伊国屋書店）／木村和男『毛皮交易の創る世界―ハドソン湾からユーラシアへ』（岩波書店）／下山晃『毛皮と皮革の文明史―世界フロンテイアと略奪のシステム』（ミネルヴァ書房）／大塚和義編『北太平洋の先住民交易と工芸』（思文閣出版）／森永貴子『ロシアの拡大と毛皮交易』（彩流社）。これらとは位相を異にするアジア・ヨーロッパを視野に入れての西村祐子の一連の著書・論稿がある

fアイヌ・北方民族史のなかの皮革研究が着実に進んでいる

北海道立北方民族博物館①企画展『毛皮―身を守る技と心』（二〇〇三・二・四～三・二三）二〇〇二　②『第25回特別展図録　トナカイのパーカとアザラシのブーツ～北方の衣文化をさぐる』二〇一〇・七（所収論稿）北方の衣文化をさぐる　齋藤玲子／アイヌの身支度　津田命子／台湾先住民族の衣装―民族衣装の伝統とこれから　高橋佐貴子／コリャークのトナカイ毛皮利用―住から衣への循環型再利用システム　呉人惠／毛皮の形態学的構造　近藤敬治／カムチャツカ先住民の毛皮利用と毛皮獣狩猟　渡部裕

大塚和義編『北太平洋の先住民交易と工芸』（二〇〇二）

もこの流れのなかにおいてみることができる　③手塚薫『環北太平洋における動物皮革加工の文化人類学的研究』科研費基盤研究（C）二〇〇〇～二〇〇二　かかる研究動向の中間総括であり、新たな提言となった高瀬二〇〇九は注目すべきものである

g「浪速部落の歴史」編纂委員会の手になる二〇〇二年『太鼓・皮革の町―浪速部落の300年』に続いて、〇五年には大部の『史料集　浪速部落の歴史』の刊行をみた。前後して『大阪の部落史』一～三・九巻史料編にも新史料が多く翻刻された。一〇巻通史の刊行、拙著『皮革の歴史と民俗』二・三章により、西日本皮革業のセンターであった大坂渡辺村の新しい史資料の発掘がなされ、新たな視角からの解明が緒についた。最新の「大坂渡辺村皮問屋と北西播磨地域との山皮取引の一端」（『播磨皮革史の研究』）は地方から渡辺村を照射する。実際の太鼓胴銘の記録保存は右の浪速史料集で試みられているが、直近では九州大学服部によって、新史料が多く付け加えられた報告書が刊行をみている

h二〇〇九年岩手県一関市博物館で『時の太鼓と城下町』企画展示が行われた。中心的な役割を果たした大島の手で、前後して県内のみならず全国的な城郭での太鼓楼・時太鼓・時鐘調査・研究が実施された。それを刺激として、時太鼓研究が進むことを期待するが、その方向には向かっていないようだ。鳥取藩時太鼓に関しては一定の反応があり、一五年暮に志水豊章（揖龍地域教材史料刊行会）・外山正明（公立鳥取環境大学）の小冊子が出た。服部は独自の足でかせいだ大部の調査報告を刊行して、近世前期全国に名をはせた、京都天部太鼓屋橋村の足跡を大量に掘り起こして追加した

i二〇一〇年皮鞣しの中心地である播磨姫路藩高木村髙田家文書史料集がまとまるが、ひょうご部落解放・人権研究所の共同研究は何度かの仕切り直しをしながら、今回は二〇〇〇年初めより永瀬康博らのグループで推進され、本格的な論文数編と右の史料集に結実した。二〇一二年には姫路市伝統工芸館で「姫路革」の大々的な展示会が開かれ、林コレクションが披露され図録を兼ねた『姫路皮革物語―歴史と文化』の刊行をみた。その林・永瀬両氏によって、存在は知られており近代前期の竪帳一冊は『姫路市史』近代史料編Ⅰに翻刻され、右の林本でも一部分ながら翻刻もされた、これまた近代唯一といってよい高木村大垣家に伝わる近代の浩瀚な簿冊全体が『大垣家文書』と題して翻刻された。出口編『播磨皮革史の研究』所収の一〇〇頁を超す西播磨近世皮革史資料編を加え、現在考えられる限りの資料条件が整えられたといえるのではないか。但し近代を

視野に入れれば新聞資料とともに、旧四郷村役場文書群（実文書は焼却されたと伝わり、一九七〇年代に撮影された写真のみが残る）が気がかりとしてある

j九州地域での皮革史研究が継続的に行われた。二〇〇二年八月福岡で開催された第八回全国部落史研究交流会前近代分科会は、テーマを「『越境』する皮革」として勝男・阿南・頭士報告を受け、全体会講演も松井章「動物と関わった人々」であった。二〇〇六年八月第25回九州地区部落解放史研究集会「近世九州における皮革業」6つの報告（『部落解放史くまもと』53）山本尚友　中近世皮革業の特徴について／阿南重幸　江戸期―渡辺村皮商人と九州の「かわた」／中村久子　佐賀の事例から―唐津藩の皮座について／竹森健二郎　『松原革会所文書』にみる幕末期福岡藩の皮革―大坂との関係を中心に／平田公大　日向における皮革について―延岡内藤藩を中心に／樋口輝幸　熊本藩近世被差別部落の皮革業について、が収録された。二〇一〇年八月第29回九州地区部落解放史研究集会でも、報告書は出されなかったがのびが皮革史の報告を行った（のび二〇一三「遠隔地皮革流通の構造」はその時の報告を後日にまとめたもの。その延長上で「九州地方近世皮革史の特質」は書かれた）。高垣亜矢による精力的な史料発掘が行われ、九州皮革流通史の捉え直しがなされた

k靴作り・靴職人、手縫い靴への関心の高まりを背景に、近江八幡市での取組み（『手縫い靴と職人』反差別国際連帯解放研究所しが　二〇〇〇）や二〇〇九年太田恭治が立ち上げた大阪環状線芦原橋近くのあとりえ西濱の怒涛の活動、竹川圭『至高の靴職人』（小学館　二〇一四・一二）の出版。けれども近代靴については、技術から社会史までを視野にいれた稲川實・山本芳美『靴づくりの文化史―日本の靴と職人』二〇一一がひとつの達成となった。前近代の靴である綱貫は、西村・のび二〇一七で現時点での集成となっていると考える

（〇―1　関連）

l川田順造『富士山と三味線　文化とは何か』（青土社二〇一四年）「いま、邦楽器が危ない―無形文化遺産を支える有形素材の危機」上下　二〇一〇年の『たいころじい』所収の長編論稿が収録されている。阪神間で猖獗をきわめた「平成の猫騒動」については、雑誌『部落解放』一九九八年三月号の特集と、関連資料を収録した『部落解放なら』9（一九九八・三）が多様な論点を表明している

m桜井厚研究代表『食肉・皮革産業従事者の生活史と被差別アイデンティティの変容についての社会学的研究――平成15年度～17年度科研費報告書　二〇〇六。屠場と手縫い

靴が対象である

n①財団法人　政策科学研究所『皮革産業実態調査（革靴製造業）報告書―平成19年度皮革産業振興対策調査等事業―』（二〇〇八・三）②野村総合研究所『我が国皮革産業の国際競争力強化手法に関する基本調査報告書（二〇一三）』二〇一四・三③『平成26年度内外一体の経済成長戦略構築のための国際経済調査事業（欧州との経済連携に向けた中小零細製造業の実態調査）報告書』矢野経済研究所　二〇一五・三④『平成28年度皮革産業振興対策調査等ライフスタイルの多様化が皮革製品等の生活関連製品へ及ぼす影響と製造業が取るべき戦略に関する調査研究報告書』富士通総研　二〇一七・三　代表的な経済産業省所管の報告書をあげた。他にも毎年のように皮革産業についての実態調査・提言がなされている。けれども私見では、数多くの調査と提言を学術的によせ実践的にせよ、吟味・検討し消化した論稿は見当たらない。民間では中川政七『日本の工芸を元気にする』（東洋経済新報社　二〇〇七）が伝統工芸復興のあり方全般について巨細に論じている

o二〇〇八年から年間一冊ずつムック本として『日本の革』（枻出版）が出されている。その影響から二〇一〇年以降『革の力』（ワールドフォトプレス）が出ている。いずれも年一冊ペースで、革製品（鞄・靴・財布など）の紹介が主な内容であることはいうまでもないが、どちらも日本皮革産業連合会の全面協力のもとで鞣革製造現場、革細工の現場を紹介しており、従来の枠を超えているところに特徴がある。むろん一〇〇頁全体がビジュアル・カラー写真ふんだんの構成になっている。但し近年はいずれも停刊

p前世紀末より途絶していた和膠製造が、二〇一一年より姫路市旭陽化学工業で再開される。膠については文化財に含まれる膠の成分分析から動物種を特定し、しかもその試みをアジアに拡げた、宮路淳子ら奈良女子大学グループの研究が進んでいることと、大谷俊太（奈良女子大から京都女子大学）を代表として、奈良墨の老舗古梅園所蔵資料悉皆目録化と主要文書の翻刻、その後も『古代学』誌での翻刻が続けられている。合わせて奈良製墨組合の手で宮武家文書史料集が出されるなど、研究進展の新たな好条件が熟しつつある

（二）著作

（一―1）

のびしょうじ

『皮革の歴史と民俗』（解放出版社　二〇〇九・一一）

『播磨皮革史の研究』（ひょうご部落解放・人権研究所『研

究紀要』19　二〇一六）出口公長・勝男義行との共著
『播磨白鞣革の史的研究』（西播地域皮多村文書研究会　二〇一七・九）西村祐子との共著
『近世の皮革統制と流通』（鳥取県部落史研究会編刊　二〇一八・六）共著
浅野太鼓文化研究所『浅野太鼓創業四百周年記念誌　この道四百年』（同所刊　二〇〇九・三）
青山淳平『明治の空―至誠の人新田長次郎』（燃焼社　二〇一〇・七）
阿南重幸著『被差別民の長崎・学―貿易とキリシタンと被差別部落』（長崎人権研究所　二〇〇九）
有元正雄『近世被差別民史の東と西』（清文堂　二〇〇九・三）
「荒川部落史」調査会『荒川の部落史―まち・くらし・しごと』（現代企画室　二〇〇〇・一）
一関市博物館『時の太鼓と城下町―江戸時代の時刻と時報』二〇〇九・九
揖龍地域教材史料刊行会
『西播磨の皮革産業史の基礎的文献』史料6集　二〇一四・四
『鳥取城時太鼓の細工人太市中村栄助と沢田村庄兵衛』史料14集　二〇一五・一二
『西播磨の近世皮革業論考集』史料16集　二〇一七・五
稲川実・山本芳美『靴づくりの文化史―日本の靴と職人』（現代書館　二〇一一・六）
宇土市教育委員会文化振興課『宇土雨乞い大太鼓調査報告書―熊本県地域総合補助　金文化の香り高いまちづくり事業』二〇〇〇・三
大島晃一『盛岡の時太鼓と時鐘』（熊谷印刷出版部　二〇一八・六）
『大塚製靴株式会社五十年―老舗の近代化』二〇〇三・七
大谷俊太『奈良古梅園所蔵資料の目録化と造墨事業をめぐる東アジア文化交流の研究』科研費共同研究報告書　二〇一二
小野美枝子『太鼓という楽器』（浅野太鼓文化研究所　二〇〇五）
海江田義弘編『「仲覚兵衛顕彰事業」調査報告書』ミュージアム知覧　二〇〇二
金山順雄著・山岸素夫監修『甲冑小札研究ノート』レーヴック　二〇〇六・二
鎌田慧『ドキュメント水平をもとめて―皮革の仕事と被差別部落』（解放出版社　二〇一六・六）
蒲生郷昭『初期三味線の研究』出版芸術社　二〇一一・一一

木下川沿革史研究会『木下川地区のあゆみ・戦後編―皮革業者たちと油脂業者たち』（現代企画室　二〇〇五・五）
近藤敬治『日本産哺乳動物毛図鑑―走査電子顕微鏡で見る毛の形態』北海道大学出版会　二〇一三・九
小島瓔禮『歌三絃往来―三絃音楽の伝播と上方芸能の形成』琉球弧叢書27　榕樹書林　二〇一二・七
三宮千佳編集『サムライの美学―甲冑師明珍宗恭とそのコレクション』早稲田大学會津八一記念博物館　二〇〇九・九
杉本昭典『暁の遺産　火打村の歴史と勝福寺の由来』（私家版　二〇一三）
高桑みどり研究代表『地方に残る雅楽・能楽の古楽器研究』（科研費　二〇〇〇・三）
たばこと塩の博物館編『たばこ入れ　増補改訂版』（同刊　二〇〇五・九）
竹中友里代『八幡菖蒲革と石清水神人』（「九州大学」服部英雄研究室刊　発売花書院　二〇一四・三）
辻ミチ子『「京あまべの歴史」を語る』（部落解放同盟京都府連合会東三条支部）二〇一四・三
筒井功『殺牛・殺馬の民俗学―いけにえと被差別』河出書房新社　二〇一五・一一
出澤利美著『鹿韋（かわ）彩飾の考察と甲州印伝』私家版　一九九九・一二
出口公長
『皮革あ・ら・か・る・と』（解放出版社　一九九九・一二）
『印伝革の技術史的考察と製造技術に関する研究』博士論文私家版　二〇〇〇
『播磨皮革史の研究』（『ひょうご部落解放・人権研究所研究紀要』19）研究代表　二〇一六・九（奥付二〇一三・三）
鳥取県部落史研究会『近世の皮革統制と流通』（二〇一八・六）
外山正明『鳥取人権ゆかりの地を訪ねてＰａｔｔ２　鳥取兄弟太鼓の謎を追う』（公立鳥取環境大学　二〇一五・一二）パンフレット
日本毛皮協会『日本毛皮協会50年史』50年史編纂委員会編　二〇〇一・三
畑中敏之『雪踏をめぐる人びと』かもがわ出版　一九九八・七
服部英雄『太鼓の履歴書・胴内銘文報告』（花書院　二〇一八・二）
林久良
『日本皮革工芸史研究―正倉院漆皮袈裟箱の復元』私

家版　二〇〇三・五
『姫路鞋絵文庫』（西御着皮革資料室　二〇〇六・一一）
『姫路皮革物語―歴史と文化』（私家版　二〇一二・九）
『シーボルトが見た金唐革in姫路』（展示図録　私家版　二〇一六・四）
林久良・永瀬康博校訂　『（姫路市高木村）大垣家文書』　林久良（私家版）　二〇一七
東日本部落解放研究所編『旦那場』（現代書館　二〇一一・一二）藤沢靖介ら四氏による論集
平野英夫『嚢物の世界―百楽庵コレクション』求龍堂　一九九八
長崎人権研究所『対馬の朝鮮貿易と被差別民』（同刊　二〇一〇・三）
中島久恵『モノになる動物のからだ―骨・血・筋・臓器の利用史』（批評社　二〇〇五）
永瀬康博他編『播磨国姫路高木村の髙田家文書』（ひょうご部落解放・人権研究所　二〇一〇）
長浜城歴史博物館『近江の太鼓踊り―竜神信仰と雨乞い踊り』二〇〇一
浪速部落の歴史編纂委員会
『太鼓・皮革の町―浪速部落の３００年』（解放出版社　二〇〇二・一一）
『史料集　浪速部落の歴史』（同委員会　二〇〇五・三）
奈良県立民俗博物館編『なら墨と筆の伝承文化』同刊　二〇〇一
奈良製墨組合
『奈良製墨文化史』二〇〇〇・一〇
『奈良墨の伝統と文化―宮武家旧蔵文書』同組合刊　二〇一五・三
西村祐子
『革をつくる人びと』（解放出版社　二〇一七・三）
『播磨白鞣革の史的研究』（西播地域皮多村文書研究会　二〇一七・九）共著
日本皮革技術協会編
『総合皮革科学』一九九八・三
『日英中皮革用語辞典』樹芸書房　二〇〇〇
『皮革ハンドブック』樹芸書房　二〇〇五
『新版皮革科学』同協会刊　二〇〇六
『皮革用語辞典』樹芸書房　二〇一六・六
牧民雄『日本で初めて労働組合をつくった男　評伝・城常太郎』（同時代社　二〇一五・六）
宮崎隆旨『奈良甲冑師の研究』吉川弘文館　二〇一〇・一
宮路淳子『文化財に含まれる膠の自然科学的分析による古代文化史および技術史の解明』科研費共同研究報告書

二〇一二・四
ミュージアム知覧『獣骨を運んだ仲覚兵衛と薩南の浦々』企画展図録　二〇一〇
茂木仁史『入門日本の太鼓―民俗、伝統そしてニューウェーブ』平凡社新書　二〇〇三・四
山本宏子
『日本の太鼓、アジアの太鼓』（青弓社　二〇〇二）
『太鼓の文化誌』青弓社　二〇一七・一二
山梨県立博物館『小桜韋威鎧兜・大袖付復元調査報告書―楯無鎧の謎を探る』山梨県立博物館調査・研究報告1　二〇〇七・三
横浜能楽堂『日中を旅した楽器―三弦・三線・三味線』横浜能楽堂特別展　特別企画公演「楽器は語る―三線・三味線の名器を中心に」二〇一二
渡辺陸編『大塚製靴百三十年年表　草稿』大塚製靴社史編纂委員会　二〇〇三・八

（一－2）北方・毛皮

大塚和義編『北太平洋の先住民交易と工芸』思文閣出版　二〇〇二・三
児島恭子　日本史のなかのラッコ皮交易／藤田明良　都にやって来た海獣皮―古代中世の水豹と葦鹿／森下雅代　近世日本における皮革製品とその流通／藤田『皮革手鑑』から見えるアジアと近世日本／手塚薫　ウルップ島のラッコ猟／渡部裕　カムチャッカにおけるクロテン猟と毛皮交易
木村和男
『カヌーとビーヴァーの帝国―カナダの毛皮交易』（山川出版社　二〇〇二・九）
『毛皮交易が創る世界―ハドソン湾からユーラシアへ』（岩波書店　二〇〇四）
『北太平洋の「発見」―毛皮交易とアメリカ太平洋の分割』（山川出版社　二〇〇七）
下山晃『毛皮と皮革の文明史―世界フロンティアと略奪のシステム』（ミネルヴァ書房　二〇〇五）
高瀬克範　皮革加工技術と社会主義の民族考古学　科研費報告　二〇〇九・四
手塚薫『環北太平洋における動物皮革加工の文化人類学的研究』（科研費基盤研究報告書二〇〇〇・〇二）
西村三郎『毛皮と人間の歴史』（紀伊国屋書店　二〇〇三）
森永貴子
『ロシアの拡大と毛皮交易』（彩流社　二〇〇八・一二）
『イルクーツク商人とキャフタ貿易―帝政ロシアにおけるユーラシア商業』北海道大学出版会　二〇一〇年

一〇月
『北太平洋世界とアラスカ毛皮交易　ロシア・アメリカ会社の人びと』東洋書店　ブックレット　二〇一四年五月

（二）論文　二篇以上ある場合は筆者を並記する形式とした

（二―1）
のびしょうじ
太鼓屋又兵衛伝・説『太鼓・皮革の町』（浪速部落の歴史編纂委員会編　解放出版社）二〇〇二・一一
渡辺村研究の現在『大阪の部落史通信』34　二〇〇四・一
忘れられた日本の沓―綱貫覚書　上下『部落解放』535・536　二〇〇四・六
難波村時代の渡辺村
太鼓を生み出した被差別民
＊二点とも『被差別民たちの大阪　近世前期編』（部落解放・人権研究所）二〇〇七
遠隔地皮革流通の構造―九州諸藩と大坂渡辺村『リベラシオン』一五〇号　二〇一三・六
九州地方近世皮革史の特質―研究史の整理と課題『部落解放研究くまもと』66　二〇一三・一〇
紹介菖蒲革とはどういう革なのか―竹中友里代著『八幡菖蒲革と石清水神人』『京都部落問題資料センター通信』35　二〇一四・四
七瀬新地の位置づけについて
斃牛馬自由処理運動の顛末
＊二点『近世大坂と被差別民社会』（清文堂）二〇一五・二
姫路藩高木村　覚書『（ひょうご部落解放・人権研究所）研究紀要』18　二〇一二・三
播磨地域皮革業の展開過程と特質
西播磨皮革史史料集
ノート大坂渡辺村皮問屋と北西播磨地域との山皮取引の一端
革煙草入　考
寛文七年播磨国飾東郡高木村検地絵図
＊五点とも『（ひょうご部落解放・人権研究所）研究紀要』19　二〇一三・三（但し実際の発刊は二〇一六・一〇である）
播磨で皮革業が発展した条件と原動力はなんであったか『歴史と神戸』320　二〇一七・二
中世以来天部村はいかなる革を染めていたのか―下坂守が拓いた色革史の可能性『京都部落問題研究資料センター通信』49　二〇一七・一〇

皮革業が立ち上がるということ―草場・旦那場制と皮革業の基礎
東部中国地方の皮革流通と鞣革製造
＊二点とも『近世の皮革統制と流通』鳥取県部落史研究会編　二〇一八・六所収

阿南重幸
江戸時代の牛皮輸入―皮田の役割に関連して上下　『部落解放史ふくおか』九九・一〇一号　二〇〇一・九
江戸期―皮流通と大坂商人―長崎・府内・小倉・筑前・大阪　『部落解放史ふくおか』一一〇号　二〇〇三・六
江戸期―皮流通と大坂商人―長崎・肥後に係わって　『部落解放史くまもと』45　二〇〇三・三
皮革の流通―摂津渡辺村と長崎　『部落史研究からの発信』第一巻（部落解放・人権研究所　二〇〇九・三）
大坂渡辺村皮商人の交易ネットワーク―九州を中心に　田村愛理他『国家の周縁―特権・ネットワーク・共生の比較社会史』（刀水書房　二〇一五・三）
井上智勝　町人・百姓と鞠道家元―飛鳥井家・難波家の蹴鞠装束免状をめぐって―『大阪歴史博物館研究紀要』7　二〇〇八・一〇
上田武司
皮革の流通―福岡藩の皮革大坂廻送を中心に　『部落解放研究』164　二〇〇五・六
皮革の流通―江戸積皮革荷物　『（大阪教育大）教育実践研究』1　二〇〇六・三
皮革の流通―難船史料にみる江戸積皮革と同関連荷物　『反差別人権研究みえ』9　二〇一〇・三
皮革の流通―田辺関係史料にみる大坂渡辺村と紀州田辺の取引　『反差別人権研究みえ』10　二〇一一
江戸後期における皮革の流通―『筑前国革座記録』を中心に　『部落解放研究』201　二〇一四・一〇
福岡藩の皮革大坂廻送に伴う葉村屋吉兵衛の役割再考　『部落史研究』1　二〇一六
上山勝　姫路白鞣し革の歴史　『（兵庫県人権啓発協会）研究紀要』1　二〇〇〇・三
大島晃一
「時の太鼓」再考　『岩手県南史談会研究紀要』36　二〇〇七・七　口絵写真・解説を含む
江戸時代の時鼓について　『一関市博物館研究報告』12　二〇〇九・三
江戸時代の時鼓について2―仙台藩領の時鼓　『一関市博物館研究報告』二〇一二・三
盛岡の時太鼓・時鐘について　『岩手史学研究』94・95　二〇一四・三

明治期における盛岡の時太鼓・時鐘の変転　『岩手史学研究』96　二〇一五・六

時の太鼓追考―一関の時の太鼓研究の現状　『岩手県南史談会研究紀要』44　二〇一五・六

海部伸雄　幕末期淡路廻船による大坂・九州北部間交易の様相―津名郡草加北村の財木屋「明神丸」の場合　『歴史と神戸』55－6　二〇一六・一

勝男義行

近世大坂の白革師について　『日本史論叢―柴田一先生退官記念』一九九六

皮商人　『シリーズ近世の身分的周縁』4（吉川弘文館）二〇〇〇

領国を越えた関西の皮革業　『部落解放史ふくおか』110　二〇〇三

御用筆師勝守家とかわた村・白革師　『近世大坂と被差別民社会』（清文堂　二〇一五・二）

「斃牛馬割方仕法帳」神崎郡神河町鵜野家文書

追加史料「民営皮座仕組願いに対する岡山藩穢多一統反対嘆願」について

＊二点は『（ひょうご部落解放・人権研究所）研究紀要』19　二〇一三・三

兼平賢治「盛岡藩における死馬利用」『東日本の部落史』Ⅱ　現代書館　二〇一八

神谷美和

太鼓の胴内墨書にみる製作者と流通について―時鼓は誰がつくった　『岩手県南史談会研究紀要』44　二〇一五・六

胴内墨書にみる関東以北の太鼓製作と革の張替え　服部英雄編『太鼓の履歴書・胴内銘文報告』地域資料叢書16　二〇一八・二

北尾泰志

皮革類の流通と「えた」身分　『解放研究とっとり』5　二〇〇三・三

近世後期鳥取藩の皮革流通　『近世の皮革統制と流通―中国・播磨地方の諸藩を中心に』鳥取県部落史研究会編刊　二〇一八・六

木本邦治　大分府内藩と渡辺村　『部落解放史ふくおか』110　二〇〇三・六

鯨井千佐登

皮をむく境界の神　『解釈と鑑賞』927　２００８．８

史料紹介『奥南革師方諸留』『宮城工業高等専門学校研究紀要』45　二〇〇九・三

『奥南革師方諸留』と「癩人小屋についての状断片」『（東日本研究所）解放研究』24　二〇一〇・九

国武貞克　近世・近代遺跡から出土する雪踏の尻鉄について『(奈良文化財研究所)紀要』二〇一一・六

源城政好　牛馬皮と鹿皮―卑賤観のあり方の相違をめぐって『京都文化の伝播と地域文化』二章　思文閣出版　二〇〇六

小島摩文　馬具の種類と名称について―データベース化のための標準名を考える『(神奈川大学国際常民文化研究機構)年報』二〇一五・三

小畑登紀夫　つながった金唐紙の点と線―皮革製から紙製への見事な転換『近創史(近代日本の創造史)』12　二〇一一

齋藤里香　松平定信による盛岡藩領内の古鎧調査「岩手県立博物館研究報告」29　二〇一二・三

坂元恒太　企画展「獣骨を運んだ仲覚兵衛と薩南の浦々」追録『ミュージアム知覧　紀要・館報』12　二〇一〇・三

清水和明

小札甲の製作技術と系譜の検討『考古学ジャーナル』581　二〇〇九・一

近世大坂の骨細工―双六駒の製作―『葦火』161　大阪文化財研究所　二〇一二・一二

発掘された産業―骨・角細工『大坂―豊臣と徳川の時代』高志書院、二〇一五・四

下坂守

中世「四条河原」考『奈良史学』27　二〇〇九

描かれた河原者のくらし　京都部落問題研究資料センター『二〇一四年度講演録』二〇一五・三

鈴木伸英・宮内慙

和太鼓の諸類型『(日本デザイン学会第42回)研究発表大会概要集』一九九五

和太鼓の演奏形式の体系化『日本デザイン学会第46回研究発表大会概要集』一九九九

鈴木伸英・工藤芳彰・宮内慙

綴子神社「綴子大太鼓祭り」と和太鼓の考察　日本デザイン学会『デザイン学研究』13　一九九八

綴子神社祭典「大太鼓祭り」の和太鼓に関する用具論的考察『デザイン学研究』47―6　二〇〇一

大國魂神社例大祭「暗闇祭」の御先拂太鼓に関する用具論的考察『デザイン学研究』47―6　二〇〇一

染川明義　和膠のふるさとを訪ねて『部落解放なら』13　二〇〇〇・三

高垣亜矢

近世筑前国における皮革流通構造―熊崎村を中心に『東北亜文化研究』二〇〇六・四

近世筑前国の皮革流通における「抜荷」の構造―辻村・堀口村・金平村を中心に『論集きんせい』28　二〇〇六・五
近世西日本における皮革流通と皮商人―手代・手先の活動をめぐって『史学雑誌』121―10　二〇一二・一〇
近世西日本の皮革流通と地域―筑前国熊崎村を事例として『日本歴史』806　二〇一五・七a
皮商人と福岡藩革座（『近世の権力と商人』史学会シンポ　山川出版社）二〇一五・一一b
一八世紀末における皮革流通構造の変容と皮商人『部落問題研究』217　二〇一六・六
高木伸夫
近代前期播州高木村の皮革業覚書『ひょうご部落解放』92　二〇〇〇
近代初頭の大阪の皮革業『近世大坂と被差別民社会』清文堂　二〇一五・二
竹森健二郎「松原革会所文書」にみる幕末期福岡藩の皮革―大坂との関係を中心に『部落解放研究くまもと』53　二〇〇七・三
高澤裕一　史料紹介　加賀国浅野村領皮多文書　上下『部落問題研究』199・200　二〇一二・三
高橋啓　近世後期阿波における皮革流通『近世藩領社会の展開』渓水社　二〇〇〇
塚田孝
長州藩蔵屋敷と渡辺村『部落問題研究』151　二〇〇〇
近世大坂における牛馬皮流通と売支配『近世大坂の都市社会』吉川弘文館　二〇〇六・六
頭士倫典　津山藩の被差別民と皮革流通『近世の皮革統制と流通』鳥取県部落史研究会編刊　二〇一八・六
出口公長
「筑前国革座記録」から見た皮鞣し技術（部落解放・人権研究所歴史部会報告）レジメ
文化財としての姫路白鞣し革『（兵庫県人権啓発協会）研究紀要』1　二〇〇〇・三
シリーズ姫路革①～⑥『かわとはきもの』（東京都立皮革技術センター）№130～135　二〇〇四・一二～二〇〇六・三
1姫路革の伝来／2古代製法に酷似する姫路革／3晒革、白布を敷きたる如く。明治は製法交替期／4姫路革の呼称を大事に／5加工技術の分類では中間的な姫路革／6姫路革文庫の名定一呂
正倉院宝物の皮革材質調査とその技術『皮革科学』52―2　二〇〇六
正倉院宝物特別調査報告　皮革製宝物材質調査　出口他『正倉院紀要』28　二〇〇六・三

正倉院と皮革①～⑫（136～147　二〇〇六・六～二〇〇九・三）『かわとはきもの』連載
学校教育における皮革学の先駆と姫路革の科学的研究『（ひょうご部落解放・人権研究所）研究紀要』19　二〇一三・三
角谷静太郎遺稿「播州鞣革と高木の歴史」『（ひょうご部落解放・人権研究所）研究紀要』19　二〇一三・三
友常勉　都市における部落問題の形成について―東京・荒川区（三河島）の皮革産業の場合　小林丈広編『都市下層の社会史』解放出版社　二〇〇三
中島順子
近江文化を支える太鼓製作技術とその背景『人間文化』23　滋賀県立大学　二〇〇九
近世近江の太鼓張替史料―墨書銘と請負証文『人間文化』25　二〇〇九
墨書銘にみる近世太鼓作りの文化―滋賀県を事例として『京都民俗』29　京都民俗学談話会会誌　二〇一二
永瀬康博
近世後期における皮革経営の実態―姫路市高木の高田家文書を中心として『ひょうご部落解放』92　二〇〇〇・三
近世後期における皮革業者の金融とその意味―姫路市高木の高田家文書を中心として『（ひょうご部落解放・人権研究所）研究紀要』9　二〇〇三・三
中野渡一耕「三本木原開拓地における製革業について」『地域文化研究』4国立八戸工業高等専門学校地域文化研究センター　一九九五
中村泰彦　史料紹介市場村南里の「草場村覚帳」『（奈良県同和問題関係史料センター）研究紀要』18　二〇〇六・三
中村久子
佐賀の事例から―唐津藩の皮座について『部落解放史くまもと』53　二〇〇七・三
ふたつの太鼓―唐津藩の旗艦「正中丸塔の太鼓・唐津くんち鯱山の太鼓」『歴史を歩く・時代を歩く』服部英雄退職記念誌　二〇一五・三
浪川健治　近世後期北奥における被差別集団の動向―弘前藩による革師の編成をめぐって『（筑波大）歴史人類』36　二〇〇八・三
西田秀子　アジア太平洋戦争下犬・猫の毛皮供出献納運動の経緯と実態―史実と科学鑑定『札幌市公文書館年報』3　二〇一六・六
西木浩一「雪踏直し」と「靴直し」の間―被差別民衆の希有なカット『高精細画像で蘇る一五〇年前の幕末・明治初年期日本―ブレガー&モーザーのガラス原版写

真コレクション』洋泉社　二〇一八・三
布引敏雄　周防灘を渡った借金取り―瀬戸内経済圏と被差別部落―『部落解放研究』144　二〇〇二・二
服部英雄　太鼓製作と中世筥崎宮散所　『リベラシオン』128　二〇〇七　後『河原ノ者・非人・秀吉』（山川出版社　二〇一二・四所収
林久良
シーボルトの見た金唐革・姫路擬革紙in室津、姫路の研究『姫路美術工芸館紀要』9　二〇一五
「姫路革」の歴史と文化『バンカル』106　播磨学研究所　二〇一七・一二
平田公大　日向における皮革について―延岡内藤藩を中心に『部落解放史くまもと』53　二〇〇七・三
平野新一他　上州甲冑師の基礎的研究一～六『群馬県立歴史博物館紀要』16～24　一九九五～二〇〇〇
樋口輝幸　熊本藩近世被差別部落の皮革業について『部落解放研究くまもと』53　二〇〇七・三
藤田恒春　太鼓張替史料　月刊滋賀の部落333　二〇〇二
藤本清二郎
かわた村々締方体制の成立（三章）
城付かわた村の経済構造（一〇章）
＊いずれもほぼ新稿で『近世身分社会の仲間構造』部落問題研究所　二〇一一・一〇に所収
前田正明　近世後期における皮革流通の具体像―阿波を事例として『瀬戸内海地域史研究』6　一九九七
松井章
近世初頭における斃牛馬処理・流通システムの変容『文化の多様性と比較考古学』考古学研究会50周年記念論文集　二〇〇四・三
考古学からみた斃牛馬処理に関わった人々『明日を拓く』東日本部落解放研究所　二〇〇四・五
考古学から見た動物と日本人の歴史　脇田晴子他編『周縁文化と身分制』（思文閣出版　二〇〇五）
動物考古学と差別問題『部落史研究からの発信』1　二〇〇九・三（円山真史・別所秀高連名）
動物遺存体『新修福岡市史』資料編考古3　富岡直人・屋山洋・丸山真史共筆　二〇一一・三
松尾良樹・的場美帆・六車美保「古梅園造墨資料」翻刻と解題1～10（3・4なし）『古代学』奈良女子大学古代学学術研究センター　3～8　二〇一一・三～二〇一七・三
＊3・4は『科研費報告書（代表宮路淳子　文化財に含まれる膠の自然科学的分析による古代文化史および技術史の解明）』所収

町田哲

近世後期徳島藩における牛馬皮の流通と取締『部落問題研究』206　二〇一三

近世後期徳島藩の御用革調達に関する一考察『身分的周縁と部落問題の地域史的研究』（部落問題研究所　二〇一六・三）

三浦耕吉郎　人と人を結ぶ太鼓―私のフィールドノートから『（関西学院大学）人権研究』5　二〇〇一・三

宮崎隆旨　奈良甲冑師を知っていますか?―中近世奈良の甲冑生産『奈良女子大学文学部研究教育年報』13　二〇一六・一二

森田康夫　近世河内の和膠生産『賤視の歴史的形成』解放出版社　一九九八

古川与志継

近江の太鼓づくり―張替と製作をめぐって『部落解放研究』153　二〇〇三・八

近江の太鼓と近江文化をめぐって―京都で作られた太鼓を中心に『リリアンス研究紀要　解放研究しが』15　二〇〇五・

松下志朗（唐津藩）皮座仕組の企みと被差別民衆の抵抗『幕藩体制下の被差別部落』（明石書店　二〇〇八・二）

丸山真史・松井章・黒川慶一　大坂城下町における骨細工―備後町2丁目の調査より『（大阪歴史博物館）研究紀要』7　二〇〇八・一〇

丸山真史・松井章　兵庫津遺跡（御崎本町地点）出土の脊椎動物遺存体『兵庫津遺跡―御崎本町地点発掘調査報告書』大手町大学史学研究所オープン・リサーチ・センター研究報告一号　二〇〇六・三

村上紀夫　太鼓の胴から見える近世のかわた村―渡辺村を中心として『大阪人権博物館紀要』12　二〇一〇・一〇

森田恒之　膠の文化『部落解放研究』154　二〇〇三・一〇

山内譲　新田帯革製造所創業地周辺の歴史地理『松山大学論集』28－4　二〇一六・一〇

山根秀明　鳥取藩かわた役上納体系における小谷家の役割『解放研究とっとり』2　二〇〇〇・一

横山陽子「近世社会における在地の規定力―一九世紀、奥州南域の斃牛馬皮取得を事例に」『千葉史学』50　二〇〇七

吉積久年　山口革について『（山口県文書館）研究紀要』42　二〇一五・三

吉村智博

新田帯革と西浜の皮革業『太鼓と皮革の町―浪速部落の三〇〇年』解放出版社二〇〇三　後吉村『近代大阪

の部落と寄せ場』明石書店　二〇一二・五所収
新田長次郎小論　新田帯革の業態を中心に『大阪の部落史通信』39　二〇〇七・一〇

六車美保　製墨に用いる膠の入手について―古梅園造墨資料と奈良市史料保存館所蔵宮武家旧蔵文書の比較から　宮路淳子『古代東アジアにおける膠生産の研究』二〇一六・三

（二―2）アイヌ・北方・毛皮

阿部隆夫　毛皮取引記録が語るカナダの先住民とヨーロッパ人との関係―一八三〇年代のフォートチバワヤンとバーランド・ハウスにおける毛皮交易を通じて『カナダ研究年報』19　一九九九

池谷和信
狩猟民と毛皮交易―世界経済システムの周辺からの視点『民族学研究』64―2　一九九九・九
20世紀前半における〝トナカイチュクチ〟とアメリカ人との毛皮交易――シベリア北東部のチャウン地区の事例（国立民族学博物館『調査報告』34　二〇〇二）

大舘大学　東アジアにおけるクロテンの皮衣―特に古代日本の「ふるさとのかわぎぬ」の実像をめぐって　蓑島栄紀編『アイヌ史を問いなおす』（勉誠出版　二〇一一・三）

岸上伸啓
北米北方地域における先住民による諸資源の交易について―毛皮交易とその諸影響を中心に『国立民族学博物館研究報告』25―3　二〇〇一
18～20世紀におけるベーリング海峡地域の先住民交易と社会構造　佐々木史郎編『開かれた系としての狩猟採集社会』（国立民族学博物館『調査報告』34　二〇〇二）

木村和男　毛皮交易から生まれた「新しい民族」―カナダの混血先住民メイティの誕生『歴史と地理』539　二〇〇〇・一一

齋藤玲子
明治～昭和期の北海道の和人社会における毛皮利用、特にイヌ皮について　企画展「毛皮」に関する覚え書き　『北海道立北方民族博物館研究紀要』12　二〇〇三
極北地域における毛皮革の利用と技術『環北太平洋の環境と文化』（北海道立北方民族博物館編　北海道大学出版会　二〇〇六・六）

佐々木史郎
18・19世紀におけるアムール川下流域の住民の交易活動『国立民族学博物館研究報告』22―4　一九九八・三
アイヌとその隣人たちの毛皮獣狩猟―ロシア極東先住民族のクロテン用の罠を中心として『アジア遊学』17

二〇〇〇・六
書評　森永貴子著『ロシアの拡大と毛皮交易―16～19世紀シベリア・北太平洋の商人世界』『北方人文研究』2　二〇〇九・三
佐々木亨　オロチョンの毛皮獣猟と北満州における毛皮取引『（北海道大学大学院文学研究科）東北アジアにおける交易拠点の比較研究』東北大学東北アジア研究センター　二〇〇一・三
鈴木素行　頭に皮を巻いた棒―有文石棒の摩滅痕jと成興野型石棒Jを見直すために『筑波大学先史学・考古学研究』23　二〇一二
関口明　日本の古代社会とクマ皮『歴史研究と社会科教育』（北海道歴史教育研究会　二〇〇二）
高瀬克範　皮革利用史の研究動向―皮革資源への「複眼的」接近のために『日本古代学』1　二〇〇九
武廣亮平
「独犴皮」についての一考察―古代北方世界との交流と関連して『日本歴史』678　二〇〇四
古代・中世前期のアザラシ皮と北方交易『史叢』74　二〇〇六
正倉院収蔵の「アザラシ」の毛皮―中倉三・四号鞍の韉の素材に関して『日本歴史』834　二〇一七・一一
種石悠　考古学からみたオホーツク文化の毛皮交易（環境変化と先住民の生業文化『北方民族文化シンポジウム網走報告』（北方文化振興協会）二〇一五
種市幸生　オホーツク文化の毛皮『アイヌ文化の源流を探る』（財　北海道埋蔵文化財センター）二〇〇四
手塚薫
北東アジアにおける毛皮獣狩猟活動の意義『北の文化交流史研究事業研究報告』北海道開拓記念館　二〇〇〇
『環北太平洋における動物皮革加工の文化人類学的研究』（科研費研究成果報告書　二〇〇〇）
ラブラドール・エスキモーの資源利用と毛皮交易―ネンガック遺跡 Nunaingok site（JcDe-1）の動物遺存体の分析を中心に『国立民族学博物館調査報告』34　二〇〇二
北米大平原のバイソン利用形態の変化『北方文化共同研究事業2000―2002年度調査報告』二〇〇三
北米におけるファー・フェルト・ハット製造の歴史と現在『北方の資源をめぐる先住者と移住者の近現代史』二〇〇八
千島列島における先史文化の適応と資源獲得・流通の検討『北海学園大学人文論集』46　二〇一〇・七
出利葉浩司　近世末期におけるアイヌの毛皮獣狩猟活動に

ついて―毛皮交易の視点から『国立民族学博物館調査報告』34　二〇〇二

細川道久
書評　木村和男『毛皮交易が創る世界』『史学雑誌』114―7　二〇〇五・七
書評　シルヴィア・ヴァン・カーク著（木村和男・田中俊弘訳）『優しい絆―北米毛皮交易社会の女性史　1670～1870年　イギリス女性史研究会『女性とジェンダーの歴史』二〇一五・一一

簑島栄紀
平安期貴族社会とサハリンのクロテン　『北方島文化研究』（北方島文化研究会）3　二〇〇五
史料からみた靺鞨・渤海・女真と日本列島　天野哲也他編『北方世界の交流と変容―中世の北東アジアと日本列島』（山川出版社　二〇〇六）
古代北海道の太平洋側内陸部におけるシカ皮とワシ羽　蓑島栄紀編『アイヌ史を問いなおす』（勉誠出版　二〇一一・三）
＊クロテン二〇〇五とシカ皮二〇一一は改稿のうえ『「もの」と交易の古代北方史―奈良・平安日本と北海道・アイヌ』（勉誠出版　二〇一五・一一）所収

宮崎正勝『北からの世界史―柔らかい黄金と北極海航路』原書房，二〇一三・一一

女鹿潤哉　古代「えみし」の獣皮類を中心とする交易をめぐって『岩手史学研究』87　二〇〇四・三

山中文夫『シベリア五〇〇年史―セーブルロード（毛皮の道）は語る』近代文芸社　一九九五・七

（二―3）

池谷和信　イギリス植民地ベチュアナランドにおける毛皮をめぐるエスノネットワーク『社会人類学年報』23　一九九七・一〇

押川文子　原皮流通の変化と「皮革カースト」　小谷汪之編『インドの不可触民―その歴史と現在』（明石書店　一九九七・一〇）

小田寛貴・徳力雪哉・中村俊夫・亀永孝義　名古屋大学タンデトロン加速器質量分析計による金唐革―消失した西洋の皮革工芸技法―の^{14}C年代測定『名古屋大学古川総合研究資料館報告』13　一九九七・一〇

梶原洋
小札考―ユーラシアからみた小札鎧の系譜『（東北福祉大学芹沢銈介美術工芸館）年報』1　二〇〇九・三
小札後考―小札から見た大鎧の成立についての試論『（東北福祉大学芹沢銈介美術工芸館）年報』9　二〇一

七・三
木村和男　書評下山晃著『毛皮と皮革の文明史—世界フロンティアと掠奪のシステム』（『社會經濟史學』71－3　二〇〇五・九
小林謙一『東アジアにおける武器・武具の比較研究』科研費報告書　二〇〇八・七
シルヴィア・ヴァン・カーク『優しい絆—北米毛皮交易社会の女性史1670－1870年』木村和男・田中俊弘訳　麗澤大学出版会　廣池学園事業部（発売）二〇一四・一〇
島田竜登　近世日本のシャム貿易史研究序説—十八世紀におけるアジア間貿易構造の変化『（西南学院大学術研究所）経済学論集』41－2　二〇〇六・九
白石千鶴　動物利用についてのポストコロニアル分析の試み—19世紀アメリカの毛皮取引と大平原部族の変容を取り上げて『（淑徳大学）国際経営・文化研究』　二〇一五・三
（朝鮮皮革株式会社）創立二十五周年記念写真帖（社史で見る日本経済史、植民地編27巻『朝鮮棉業株式会社沿革史、朝鮮棉花株式会社三十年史、（朝鮮油脂株式会社）事業概要、（龍山工作株式会社）営業案内、（朝鮮商工株式会社）経歴書、（朝鮮皮革株式会社）創立二十五周年記念写真帖』ゆまに書房　二〇一七・九　オンデマンド版
中尾雪絵
フランス『百科全書』の「なめし」について『部落解放研究』156　二〇〇四・二
アルザス地方の革となめし職人（中尾雪絵　抄訳）『駒沢大学外国語論集』14　二〇一三・三（西村祐子論文付録）
中村美幸　中世末期ヨーロッパにおける毛皮消費—その具体的様相の一面として『神戸女子大学紀要、文学部篇』22　一九八九
西村祐子
英国における皮革業の社会史—比較文化史の視点から／附録アルザス地方の革となめし職人（中尾雪絵　抄訳）『駒沢大学外国語論集』14　二〇一三・三
日・印・英比較の視点からみる社会史としての皮なめし業『ひょうご部落解放』ひょうご部落解放・人権研究所　150　二〇一三秋
野田仁　中央アジアにおける露清貿易とカザフ草原『東洋史研究』68－2　二〇〇九・九
服部敬史　中国東北地方における古代・中世の小札甲『和光大学表現学部紀要』7　二〇〇六・三
花坂哲
古代エジプトの皮革技術—アコリス遺跡検出の「皮革

工房址」をめぐって『筑波大学先史学・考古学研究』15　二〇〇四

皮革製サンダル考―エジプト・アコリス遺跡出土のサンダルを例として『西アジア考古学』6　二〇〇五・三

『多角的手法を用いた古代エジプト皮革技術の復元研究』（科研費二〇一三―一四）

原山煌

20世紀前半期におけるモンゴル定住地域のイヌの諸相『（桃山学院大学）国際文化論集』27　二〇〇三・三

20世紀前半期におけるモンゴルのイヌ毛皮『人間文化研究』2　二〇〇四

廣瀬啓子　北米における毛皮交易と先住民　下山晃『毛皮と皮革の文明史―世界フロンティアと掠奪のシステム』木村和男『毛皮交易が創る世界―ハドソン湾からユーラシアへ』『アメリカ史評論』23　二〇〇五・一一

桧山真一　俘虜と製革―姫路のポーランド人ミハウ・ムラフスキー『（共同研究）ロシアと日本』第3集（中村喜和編　一橋大学）一九九二

フィル・ナイト　大田黒奉之訳『SHOE DOG（シュードッグ）―靴にすべてを　ナイキ創業者自伝』東洋経済新報社　二〇一七・一〇

藤井和夫　一六～一七世紀ポーランドにおける毛皮・肉牛貿易―東欧における内陸交易ネットワークをめぐって『関学西洋史論集』26　二〇〇三・三

藤木健二

一八世紀イスタンブルにおける商工民と同職組合―『アフキャーム・デフテリ』にみる食肉業と皮革業（東洋史学専攻二〇〇三年度修士論文要旨彙報）『史学』73―1　二〇〇四

オスマン朝下イスタンブルにおける食料・物資供給に関する一考察―ウスキュダルの皮革・果物・花卉の供給を中心に『史學』79―1・2　二〇一〇・三

宮路淳子『古代東アジアにおける膠生産の研究』科研費報告書奈良女子大学　二〇一六・三

森治子〈原著論文〉ヨーロッパにおける毛皮の流行―19世紀末から20世紀初頭を中心に『同志社女子大学生活科学』32　一九九九・二

森永貴子

近世蝦夷地のロシア人植民者たち―千島列島に見る日本とロシア、辺境と境界の間　近世史サマーフォーラム2012の記録『アジアを行き交う人びとと国家―多様な歴史学の選択―』近世史サマーフォーラム2012の記録　二〇一三・四

ロシア最初の世界周航と毛皮貿易―アメリカ会社手代

コロビーツィンの手記（1795〜1807）一橋論叢133－2　二〇〇五・二
毛皮事業から見た北東アジアと千島列島―日本・清・ロシアの領域とロシア・アメリカ会社　『新しい歴史学のために』286　二〇一五・一一・一二）

吉田建一郎
満鉄調査課『満州及北支那に於ける獣骨と骨粉』付録「日本内地に於ける獣骨及骨粉の需給状況」『近現代東北アジア地域史研究会NEWS LETTER』18　二〇〇六・一二
19世紀末―1930年代初期の上海における製革業（金丸裕一編『近代中国と企業・文化・国家』ゆまに書房　二〇〇九・三）
二〇世紀前期の上海における日系製革企業―江南製革と中華皮革―『史学』79巻1・2号　二〇一〇・三
中華皮革廠―上海製革業のリーディングカンパニー一九二〇―一九三二年　史潮　新70号　二〇一一・一一
向井龍造と満蒙殖産の骨粉製造、1909―31年（富澤芳亜他編著『近代中国を生きた日系企業』大阪大学出版会　二〇一一・一二）
第一次大戦前後の青島における獣骨と骨粉の輸出について（山本英史編『近代中国の地域像』、山川出版社　二〇一一・一二）

（二－4）雑誌・新聞のボリューム・性格もありいずれも概説かつ短文である

西村祐子
連載皮革の社会史『ひょうご部落解放』155〜158　二〇一四冬〜一五　ユダヤ人と皮革業／アジアの革づくりの人々―客家とムルリムたちの「金の扉」／プロフェッショナリズムへの回帰をめざして
連載皮革の比較史　部落解放　730〜740　二〇一六・九〜一七・四　革づくりのアイデンティティ1・2／北米のユダヤ人／シェルコードヴァンをつくる人々／アジアのなめし人／姫路のトリックスター／ジェネレーションXとミレニアル世代を探して／「革はミステリー」

竹之内一昭
『かわとはきもの』連載1〜22　No.152〜183　二〇一〇・六〜二〇一八・三
原始時代の皮革／古代の皮革　1西南アジア／古代の皮革　2エジプト／古代の皮革　3ヨーロッパ／古代の皮革　4東・南アジア／古代の皮革　5日本／中世ヨーロッパの皮革　1宮廷と修道院における皮革製造／中世ヨーロッパの皮革　2ギルドの形成／中世ヨー

ロッパの皮革　3革製品／中世ヨーロッパの皮革　4製品革／中世アジアの皮革　1西・南アジア／中世アジアの皮革　2中国・朝鮮／近世ヨーロッパの皮革／近世ヨーロッパの皮革　1皮革産業／近世ヨーロッパの皮革　2皮革製造／近世ヨーロッパの皮革　3製品革／近世ヨーロッパの皮革　4革製品／近世ヨーロッパの皮革　5革工芸品／近世アジアの皮革　1中国の甲冑と衣服／近世アジアの皮革　2中国の革製品／近世アジアの皮革3／近世アジアの皮革／4日本の武具と馬具　／日本の日用革製品／6日本の皮革貿易　近代ヨーロッパの皮革／1皮革産業／2新しい鞣剤／3タンニン革／4クロム革・アルミニューム革

＊『皮革科学』誌の連載もみよ。表題が重なっているものは連載を分割して掲載したもので内容は基本的に同じである

市田京子　日本はきもの博物館収蔵資料紹介　『かわとはきもの』158～163　二〇一一・一二～二〇一三・三

『皮革科学』（日本皮革技術協会）二〇〇〇～一四年　歴史系論稿（数字は巻数と号数）表示は頻出する竹之内とその他とし、最新号から遡る形とした

竹之内一昭

明治初期の皮革生産　60－3　二〇一四

江戸時代の皮革の交易　59－3　二〇一三

近世ヨーロッパの皮革　59－1　二〇一二

極北地域の皮舟　58－1　二〇一二

中世アジアの皮革　57－3　二〇一一

北海道における江戸・明治期の毛皮と皮革　56－3　二〇一〇

中世ヨーロッパの皮革　56－1　二〇一〇

原始時代と古代の皮革　55－1　二〇〇九

延喜式から読み取れる古代の皮革　54－3　二〇〇八

20世紀初期の外国文献に紹介された日本の皮革事情　53－3　二〇〇七

外国の古い革　1（45－4　一九九九）～5～36　45－4～56－2　二〇〇〇～二〇一三

渡部睦人・野村義宏　コラーゲン今昔物語　1～5　58－2～　二〇一二・八～

田中陽子　正倉院の革履の縫製技術　53－3　二〇〇七

森中香奈子　鮫皮の性質と日本鮫皮工芸の歴史　52－1　二〇〇六

府山秀夫　日本人の靴生活1・2　49－4・50－1　二〇〇三～〇四

千賀久　古墳時代の革製品　50－3　二〇〇四

服部裕　鹿皮のはなし　49－4　二〇〇四

小野美枝子　和太鼓　歴史と製造　49－3　二〇〇三

小川摩天　シベリア先住諸民族の毛皮と革（1）～（4）
48－2・3　二〇〇二～
米田勝彦　飛鳥時代の蹴鞠の再現　47－3　二〇〇一
出口公長　伝承皮革の鞣し技術　47－3　二〇〇一
横川市次・今井哲夫　三味線用猫・犬皮の機械的性質　46－2　二〇〇〇
出口公長・杉田正見　印伝革と様々な鞣し革の特性比較に関する研究　46－2　二〇〇〇
出口公長・杉田正見・岸部正行　鹿皮の特性に関する研究　46－2　二〇〇〇
出口公長・杉田正見・岸部正行　伝統的油鞣し技術に関する検討（英文）45－4　二〇〇〇
藤岡繁寿　革今昔　甲州印伝用鹿革について　45－1　一九九九
床次瑞彦　革手工芸の歴史と加工方法　45－1　一九九九
湧水野亮輔「部落を読む」（『解放新聞』全国版）で取り上げられた皮革・皮革関連（数字は連載番号）
2呪術世界の扉をひらく（中沢新一『カイエソバージュ』講談社メチエ）7毛皮が作ったアメリカ資本主義（木村和夫・下山晃など）／31蹴鞠の技芸と工芸（埼玉県博特別展など）／35部落が発信する技術・文化としての太鼓（杉浦康平『宇宙を叩く』工作社など）／53「かわ」の豊穣な世界（青山淳平『明治の空』燃焼社など）／54「かわ」はどういう回路で部落と結合しているのか（有元など）／75皮革〈かわ〉の魅力と新しい動向（林など）／94靴職人の生活と矜持（稲川など）

（のび　しょうじ）

書評

「太鼓の歴史」の輪郭がみえてきた！
『太鼓の履歴書・胴内銘文報告』

のびしょうじ

服部英雄　編著
（花書院）

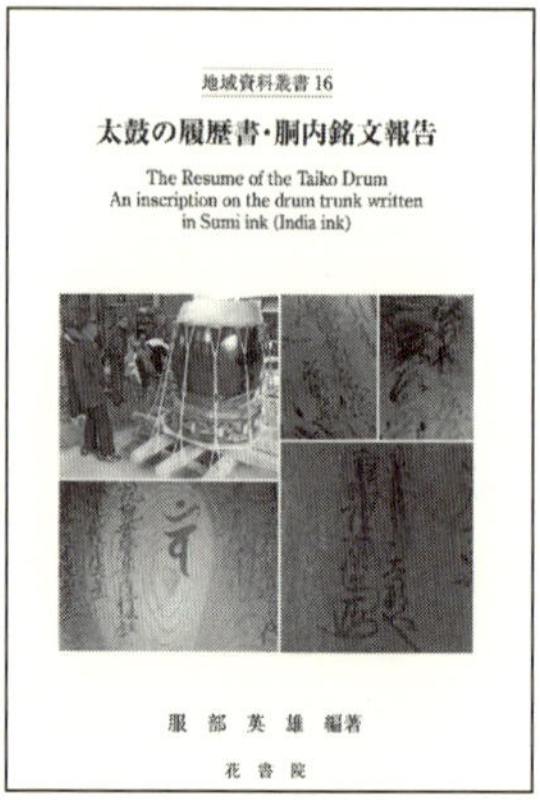

一　太鼓研究の射程

一九八〇年代に頂点を迎えた、熱狂に支えられた和太鼓ブームは一段落した。現在「創作和太鼓」グループだけで二万を超える。いい意味でこの社会に定着した。学校教育に義務的に取り入れられた邦楽の流れも加わっての、社会的関心の高まりは、学問としての太鼓研究を大きく進展させることとなった。太鼓研究とりわけ歴史研究となれば、太鼓はモノ（種々の太鼓から鼓など）・場（宗教儀式・祭礼からステージプロ、音楽まで）・ひと（製作者から流通・販売、打ち手・パフォーマー）、から構成され歴史的な流れのなかで分解される。

一般的には太鼓製作の分野と、太鼓の打たれる場を軸とする社会的局面に分かれた。ふりかえれば祭礼や民俗行事など後者に言及されることがあっても、久しく前者に関心が向くことはなかった。前者の関心がないことと、「太鼓のある場所」での御囃子的・従属的地位から出ない扱いとは表裏のものである。そこでは太鼓は主役を張っていない。

太鼓音楽が自立した契機はいくつかあるが、一九五一年御諏訪太鼓を立ち上げた小口大八（一九二四・二・二七―二〇〇八・六・二七、八四歳、長野）、七〇年代の鬼太鼓座の田耕（でんたがやす　一九三一・一二・七―二〇〇一・四・一一、六九歳、東京）・林英哲（一九五二・二・二―現役、広島）の登場をまってのことである。小口や大江戸助六太鼓には伝統的祭礼が結びついているが、田耕や林には伝統行事と切断したパフォーマンスしかない。太鼓音楽と打ち手が神事から切り離されたことで、神を迎える／捧げる神具としての太鼓から、打ち手の要請に応える太鼓それ自体を直視する視点が導き出された。かくしてモノ・場・ひとの研究分野が成立したのである。

かくの如くの事情にして、モノとしての太鼓の研究はごく最近にようやく始まったのである。まして太鼓自体の歴史、太鼓製作に関わる人たちの歴史などというものは、私の二つの素描以外に試みられたこともないということである。

モノとしての太鼓と、それを製作する人々に、焦点が当たるようになった契機はもうひとつあった。同和教育現場教師の嗅覚である。太鼓製作が被差別部落の職人・業者に担われていることが徐々に明瞭になっていった。太鼓の胴内に制作者の墨書があることが明らかにされた。管見では三宅都子『太鼓職人』（解放出版社　一九九七）が最も早い。大阪の三宅とは別に同時期離れた滋賀で古川与志継がそうした太鼓銘文から歴史的研究の方法を見出していく。

＊二つの素描とは「関西太鼓の歴史的素描」「中世銘太鼓の現況」を指し、いずれも拙著『皮革の歴史と民俗』（解放出版社　二〇〇九）に、書き下ろしとして収録されている。

歴史研究の史料としての太鼓胴銘の収集・集積が、広く認識されるに至るのである。潮流としては服部の労作はこの流れのなかにある。けれども北は岩手から南は熊本・長崎の広域をカバーし、集積された太鼓・銘文も空前の数にのぼる。

二　本書の構成

服部英雄編著『太鼓の履歴書・胴内銘文報告』は、二〇〇一年から六年までの足かけ六年に及ぶ、銘文調査と文献探索の成果報告書である。目次に表わされた全体の構成は次のとおり。

A4版横組　二七〇頁　写真多数カラー

本報告書の概要（ガイダンス）
解説篇
1銘文収集の研究史
2墨書・刻銘の意味
　I古代・中世／II近世・近代／III胴と皮・太鼓の特徴
3中世の太鼓
　I中世太鼓の解説／II古代中世絵画史料の太鼓
4近世初頭太鼓から
5御城時太鼓
6各地の太鼓師
　I京天部村太鼓師ほか／II大坂渡辺村／III大和南都西之坂・東之坂・吉備／IV江戸浅草／V名古屋・平野小

市／Ⅵ筑前太鼓師／Ⅶ諸国の太鼓師
7笠神村と談山神社文書「執行代事記」
寄稿　胴内墨書にみる関東以北の太鼓製作と革の張替え　神谷美和
史料編
A　古代中世太鼓文化財指定太鼓［25挺］
B　御城・時太鼓［10挺］
C　梅津太鼓店（福岡市）［30挺］／D　三浦弥市太鼓店（岡崎市）［39挺］／E　小野崎太鼓店（宇都宮市・小野崎博一）［5］／F　中兼太鼓店（大阪市）［15］／G　大笹屋（京都市）［15］／H　高松武雄太鼓店（盛岡市）［7］／I　三浦太古堂（京都市）［3］／J　堀田新五郎商店（愛知県津島市）［3］／K　浅野太鼓（石川県白山市）［3］／L　宮村太鼓店（熊本市）［1］／M　大津市下阪本若宮神社／N　八千代市鞨鼓／O　長崎市勝山町太鼓／P　萩市東光寺鐘楼太鼓／Q　国東・豊後高田市長安寺太鼓／R　長崎市矢上間ノ瀬太鼓／S　神護寺寛政太鼓／T　宮城県名取市指定文化財熊野神社いびつ太鼓／U　亀山本徳寺（兵庫県姫路市）太鼓ネットから／V　談山神社（奈良県桜井市）笠神太鼓
W　古代中世絵画史料
X　一関市（神谷美和収集分）［6挺］／Y　橋村理左衛門花押京阪文書／Z　（太宰府天満宮他）
先行研究から
花押一覧

三　特徴と成果と若干の意見

本報告書の特徴と成果をあげる。第一は全国の太鼓店に連絡をとり、訪問し、太鼓銘を実見し写真に収め、過去に太鼓店側が自主的に写真記録されたデータをも収集したことである。収集銘文の網羅的な図版・解読文が載せられている。残念なことはあまりに頁数を費やすため、それぞれの図版が小さく（一頁八分割）、過去に撮られた写真もあり、写真と解読文が対応していないものもあることだろう。気になったのは、宮本を始めとした東京の太鼓店の協力が得られなかったのか、空白になっていること、現時点で古い太鼓を最多二〇〇挺も所蔵し、胴内銘文すべてを写真撮影して保存されている島根県美保神社の太鼓銘が視野に入れられていないこと、がある。私自身も全体調査を望みながら、いまだ果たしておらず、全体の公表のなされていないことを久しく気にかけている。

史料編には太鼓銘収集の先行研究である三宅・古川、さらに中島順子・村上紀夫、この報告書以前では最も数の多い『史料集浪速部落の歴史』からも、写真・解読文を採用している。それでは先行研究に載った太鼓銘文の悉皆集成かといえば、必ずしもそうではない。このあたりの著者の指針がよく分からない。

第二は、服部の専門分野である中世史の絵画史料、長く携わってきた文化財保護分野での国・地方自治体の指定文化財のなかの太鼓・鼓から、古代中世の太鼓本体と太鼓文献の総体を図示したことである。解説で一二点、史料編で指定文化財二四点、そして絵画資料二六点、今回の採訪で、新たに天正九点、元和二点が発見されている（一部は解説と重複する）。この領域でも紙幅の問題から太鼓写真・絵画が小さな表示となっており、とりわけ貴重な絵画資料が残念な扱いになってしまったのは悔やまれる。大矢邦宣が報告し、私が追随した豊後髙田長安寺文永三年太鼓（史料編Q）は安永三年の誤りであることが正されている。重要な指摘は、広域の調査によっても（天正はひとまず措いて、となるが）中世の太鼓銘はまずなかったこと、一日三〇挺もの皮張替が持ち込まれる、石川県浅野太鼓店の談話として「古くてもせいぜい元禄」との証言を得ていること、である。太鼓製作においても時代的断絶がみられ、元禄期が東日本での大衆文化の広がりの一起点になっている、ということである。

第三に、太鼓それ自体といえどもそれを造り・運び・あがなう人々があって歴史を構成している。太鼓銘文で明らかにし得るのは、胴を作る大工、皮をなめす被差別民、鋲を打つ鍛冶屋、そしてそれを太鼓に組みあげる職人名が刻まれているところにある。それによって服部があえて年表風に一覧した京都天部村太鼓屋利兵衛・理右衛門家の、近世初頭・前期に全国を股に掛けて太鼓製作を担っていた姿が浮き彫りになった。その一点だけで本書が重要な研究書であることを証している。

最大数の銘文のある太鼓を発掘した服部報告書によって、管見では中世太鼓は百挺、近世太鼓は三〇〇挺（美保神社の二〇〇挺を除く）内外を数えるに至った。単位銘文では二千に迫る。それによって太鼓の歴史の、おおまかにせよ見通しがたつ希望を抱いた。

（のび　しょうじ）

小学校での部落史学習の現状と取り組みの方向（四）

迫本幸二

八「幕府政治のおわり」

（一）大政奉還の教科書記述

前号の続きです。

日本文教出版の教科書『小学社会6年上』では、徳川慶喜が政権を天皇に返して、鎌倉幕府が開かれてから七〇〇年ほど続いた武士の世の中が終わったことを書き、「2．新政府による政治」の頁に移ります。

教科書では、この大政奉還のことを「15代将軍徳川慶喜は、これ以上幕府の政治を続けることはできないとして、1867年、政権を天皇に返しました。」と記述して、大政奉還の様子を描いた図を掲示して「二条城で政権を天皇に返すことを大名の家来に伝える徳川慶喜」の説明をつけています。しかし、どこにも「大政奉還」という記述はありません。指導書には線を引いて「大政奉還」という書き入れがしてありますが、板書計画には挙がっていません。そういう扱いからして、これで江戸時代が終わ

ったと言っているのに重要な言葉ではないかのようです。

また、**「これ以上幕府の政治を続けることはできない」**とは、組織の機能的なものを言っているのでしょうか、それとも組織の能力的なものを言っているのでしょうか。これだけではよく分かりません。政権を天皇（朝廷）に返すということですが、この頃の朝廷の公家たちは、いまだに攘夷一辺倒で、しっかりした外交政策を持っていたのか、政権を担当する能力があったのかと疑問に思うところです。それに「倒幕」が成ったのにこれでは戊辰戦争が起こった理由が分かりません。

だからでしょうか、教科書は、**「薩摩藩の西郷隆盛・大久保利通や長州藩の木戸孝允らが中心となり、両藩が力を合わせて朝廷と手を結んで幕府をたおす計画を進めました。」**と記述した後、**「政権を天皇に返しました」**の記述になります。戊辰戦争など無かったような書きぶりです。板書計画には、一揆や打ちこわし、渋染一揆のことは挙がっていますが、戊辰戦争については、それとうかがわせる記述すらありません。討幕の戦争を進めた側についてはたくさんの記述があるのに、一方については何の記述もないというのはひどすぎはしないでしょうか。どんな酷いことが行われたかについて書くことはしなくても、戦争があったことは書くべきでしょう。六年生担任の多くは、歴史学習を専門とする者ではないと思いますが、会津藩の惨状くらいはドラマなどを通じて知っているはずです。渋染一揆のことが記述されているから良しとするのではなく、時代の変わり目に伴う痛みを学習することは歴史学習の基本中の基本だと思います。敗者側の視点からも戦争を見ていかないと、歴史を教訓として学ぶ意味はなくなってしまいます。授業時数の関係からという言い訳が聞こえてきそうですが、勝者の側の記述だけして、そんなことは考えなくてもよい、教えなくてもよいと言われているようで、子どもも教師も「愚弄されている」と思わなければいけないところではないでしょうか。確かにこのあたりのことの授業化は難しいところでしょうが、①幕府側に戦争を回避する動きがあったということと、②庶民が兵士となって戦った戦争ではなかったということは授業の中で押さえておきたいところです。

（二）徳川慶喜の登場

大政奉還を挟んでどんなことがあったかを、年表にして調べていきます。

一八六六年七月一四日	第一四代将軍徳川家茂が亡くなる
一八六六年一二月五日	徳川慶喜が第一五代将軍になる
一八六七年五月二四日	兵庫開港の勅許が出る
一八六七年六月二二日	薩摩藩と土佐藩が盟約を結ぶ
一八六七年一〇月六日	大久保利通、岩倉具視が「討幕の密勅」の話し合い
一八六七年一〇月一四日	**大政奉還**
一八六七年一一月一五日	坂本龍馬、中岡慎太郎が暗殺される
一八六七年一二月二五日	薩摩藩邸焼き討ち事件
一九六八年一月三日	鳥羽伏見の戦い（戊辰戦争が始まる）
一八六八年三月一四日	五カ条の御誓文
一八六八年四月一一日	江戸城無血開城
一八六八年九月二二日	会津藩が降伏
一八六九年五月一八日	札幌で榎本武揚が降伏し戊辰戦争が終わる

大政奉還が行われたのは一八六七年一〇月一四日で、第二次長州征伐が「朝敵である長州の征伐」という目的を達成できないまま第一四代将軍徳川家茂が亡くなった（一八六六年七月一四日）あとを受けて、一八六六年一二月五日に徳川慶喜が第一五代将軍になって、どっちかと言えば幕府側の旗色が悪いところでうやむやの内に第二次長州征伐が終了したその次の年のことで、慶喜が将軍になってからまだ一年もたっていません。

この間何があっていたかということになりますが、将軍職に就くと慶喜は、幕府政治の改革を行います。それは、①人材の登用、大名しかなれなかった若年寄に旗本でもなれるようにした。②軍備の近代化、フランス式陸軍制度を取り入れて、歩兵・騎兵・砲兵隊を創設した。③官僚制度、陸軍総裁・海軍総裁・国内事務総裁・外国事務総裁をおき老中の仕事を分担する。というものでした。この幕府政治の改革を中心になって進めたのは、前回も出てきましたが小栗忠順でした。（興味ある方は、小栗忠順がどんな人物だったかを是非調べて欲しいと思います。）

この幕政改革により、幕府は強力な軍隊と効率的な外交交渉力を持つことになりました。慶喜はその力を背景に公家たちに兵庫開港を認めさせ「兵庫開港の勅許」を出させます（一八六七年五月二四日）。「桜田門外の変」や「蛤御門の変」などを引き起こしさんざんもめた勅許問題が一気に解決したのは、公家たちの考えが「京都に近いから兵庫の開港はだめ」という身勝手な脅威論でしかなかったようで、慶喜の、開港問題は日本が置かれた国際情勢（前回を参照）の中では外交上避けて通れない問題であり、幕府が積極的に開港政策を採ることが必要であるという論理に対抗できなかったからではないかと思います。

この頃、積極的に日本に関わりを持とうと近寄ってきていたのは、フランスとイギリスでした。フランスは、婦人のストッキングの材料となる品質の良い生糸を輸入するためでした。イギリスは、アメリカの南北戦争終結で、だぶついていた武器を輸出するためでした。生糸の産地を掌握していたのは幕府側であり、薩摩藩・長州藩は武力による倒幕を企てています。フランスとイギリスがどちらを支援したいかは明らかです。ですから、両国は互いの外交を通じて、アメリカとオランダを巻き込んで「四国共同覚書」を結んで牽制し合います。そのおかげでといってはなんですが、日本がこの両国の代理戦争にならなくてすんだ大きな理由の一つがここにあると言っても間違いではないと思います。

（三）非戦の慶喜と討幕の薩長

一方、薩長側は何をしていたかというと、一八六七年六月二二日坂本龍馬が土佐藩の後藤象二郎をともない大久保利通と西郷隆盛に会って、薩摩藩と土佐藩に同盟を結ばせ「①幕府に代わって朝廷を中央政府として、②議会をつくり民意を取り入れ、③公家・諸侯を中心に中央政府の役員にする、④外交を通じて正当な条約を結ぶ、⑤新しく憲法をつくる、⑥海軍を充実させる、⑦新しい制度の軍隊をつくり江戸を守らせる、⑧外国為替を平等なものにする」（家永三郎『日本の歴史4』ほるぷ出版から）という「船中八策」と言われる考え方を説明し、慶喜がこの考え方（大政奉還）を拒否するなら武力討幕に突き進むというような提案をします。それを受けて土佐藩の後藤象二郎が、幕府に対してその建白書を出します。

長州藩は、武力討幕一辺倒です。一八六七年一〇月六日、大久保利通は、長州藩の品川弥次郎とともに岩倉具視に会って討幕の具体的な話し合いをして、朝廷に「討幕の密勅」を出させることを決めます。この後、実際に

「討幕の密勅」が出されますが、これが側近の公家たち三名の署名があるだけで、天皇の名前も花押といわれるサインも無いため「にせ密勅」と言われるものです。この時の天皇は、一四歳になったばかりの明治天皇でした。

慶喜は、大政奉還か、朝敵とされて武力攻撃の戦火を交えるかの選択を迫られることになります。慶喜は、幕政改革により刷新した強力な軍隊を持っていましたが「大政奉還」を選択します。薩長側は、「慶喜は大政奉還を拒否するだろう」という予想のもとに「討幕の密勅」まで用意したのですが、討幕の口実が無くなってしまい取り下げることになります。慶喜は、朝敵とされることと戦を避けたかったんだろうと思います。このような行動は、鳥羽伏見の戦いや江戸城無血開城のときにも見られます。

余談ですが、この大政奉還の一ヶ月後の一八六七年一一月一五日京都の近江屋で、坂本龍馬は中岡慎太郎と会談中に、共に暗殺されてしまいます。坂本龍馬は、長州藩や土佐藩などにせっせと武器を売ってはいましたが、武力討幕は次の段階でのことで、戦い無しに大政奉還が成されることを望んでいたようです。そんなことから、討幕に突き進みたい薩長側にとっては龍馬自体が障害物になりかねません。ということで薩摩藩犯人説が有力視されていますが、討幕強硬派の中岡慎太郎が、会談中に龍馬に斬りかかり、斬り合いになって共に深手を負って果てたという「中岡慎太郎犯人説」もあります。しかし、暗殺の犯人は今も定かではありません。

それと、始めに戻ってこの大政奉還で、慶喜がどんなことを言ったかですが、鈴木荘一『明治維新の正体』毎日ワンズからの引用になりますが、慶喜は次のように言っています。

「臣慶喜、謹ンデ皇国時運之沿革ヲ考エ候ニ……。当今、外国ノ交際日ニ盛ナルニヨリ、愈、朝権一途ニ出申サズ候テハ、綱紀立チ難ク候間、従来ノ旧習ヲ改メ、政権ヲ朝廷ニ帰シ奉リ、広ク天下ノ公議ヲ盡シ、聖断ヲ仰ギ、同心協力共ニ皇国ヲ保護仕リ候得バ、必ズ海外万国ト並ビ立ツベク候。臣慶喜、国家ニ盡ス所、是ニ過ギザルト存ジ奉リ候……」

意訳すれば次のようになるかと思います。

「天皇の家臣である慶喜は、…。今日では、外国との交際が盛んになっているから、従来の古い習わしを改め、政権を朝廷に返し、広く国民の意見を聞き、天皇の決断を仰いで、心を一つにして協力し皇国の安全を保つことが出来れば、必ず海外の国々と並び立つことが出来るであろう。…」

なぜこんなことを長々と書いたかというと、前出の坂本龍馬発案とされている「船中八策」と重なるところがあるし、「船中八策」は、一八六八年三月一四日の「五カ条の御誓文」の考え方になったとも言われているからです。(「五カ条の御誓文」は、福井藩士の由利公正がそのもととなるものを書いたとされています。)坂本龍馬がどういう経緯を経てそういう考えを持ったかは分かっていないようですし、「船中八策」というもの自体が存在したのかどうかも疑わしいと言われています。そう言われると、前回書いた吉田松陰のこともありますし、龍馬を引き立てるあまり後付的に誰かが広めたのではないかという気がしないではありません。しかし、慶喜は違います。慶喜は、オランダのライデン大学で政治・経済学を学んで帰国した西周を招いて、西洋の文化・考え方を学んでいます。大事なことは、徳川慶喜は、「国中を戦乱に巻き込むことなく、議会制度を取り入れた新しい政治体制を創っていこう、そうすれば諸外国と同等に付き合っていけるようになるだろう」という提案をしているのです。

しかし、薩長側の大久保利通や西郷隆盛たちに非戦という考え方はなかったようです。慶喜が「政権を朝廷に返す」と言っても朝廷に政権運営の力はなく、そのまま慶喜が居座る状況になってしまうことを怖れてでしょうか、討幕の状況をつくっていきます。一つは岩倉具視をつかっての朝廷への工作、もう一つは江戸でのテロ活動です。慶喜の大政奉還で討幕の口実が無くなったために、西郷隆盛は、急ぎ薩摩藩の軍勢を呼び寄せ京都に駐屯させる一方で、相楽総三に「江戸市中を攪乱し幕府を挑発せよ」というような命令をし、江戸でのテロ活動を起こさせます。幕府側に薩摩藩を攻撃させて、討幕の口実にするためだったとされています。テロ活動とは、強盗・放火・略奪・殺戮の何でも有りの混乱を誘発させるための破壊工作です。それを担ったのが、相楽総三率いる「赤報隊」です。

テロ行為のあまりのひどさに、一八六七年一二月二五日幕府側の庄内藩などが、薩摩藩浪士のテロ集団が薩摩藩邸に逃げ帰って隠れているところを取り囲み攻撃します。「薩摩藩邸焼き討ち事件」です。この知らせを受けて慶喜は、薩摩藩にテロの首謀者の引き渡しを求め、応じなければ攻撃すると表明し、一九六八年一月二日大阪城に駐屯していた幕府軍を京都にいる薩摩軍のもとに向かわせます。翌一月三日夕刻、薩摩軍からの攻撃で始まったのが「鳥羽伏見の戦い」です。慶喜は西郷隆盛の挑発に乗ってしまったのです。フランスの指導で強力な陸軍を組織していた慶喜でしたが、戦わずして江戸に引き上げてしまいます。「不可解」、「ふがいない」行動とされているところですが、大政奉還のときと同様、朝敵となることを怖れ、非戦を通したということでは一貫しているように思います。

　この後、一八六八年三月一四日「五カ条の御誓文」が出され明治元年とされます。四月一一日江戸城無血開城と内戦回避の動きはありましたが、五月一五日上野での彰義隊の戦闘をかわきりに東北へと戦争は拡大していき、奥羽列藩同盟との戦闘が続き、九月二二日会津藩が降伏し、一八六九年五月一八日札幌での榎本武揚の降伏をもって戊辰戦争が終わります。

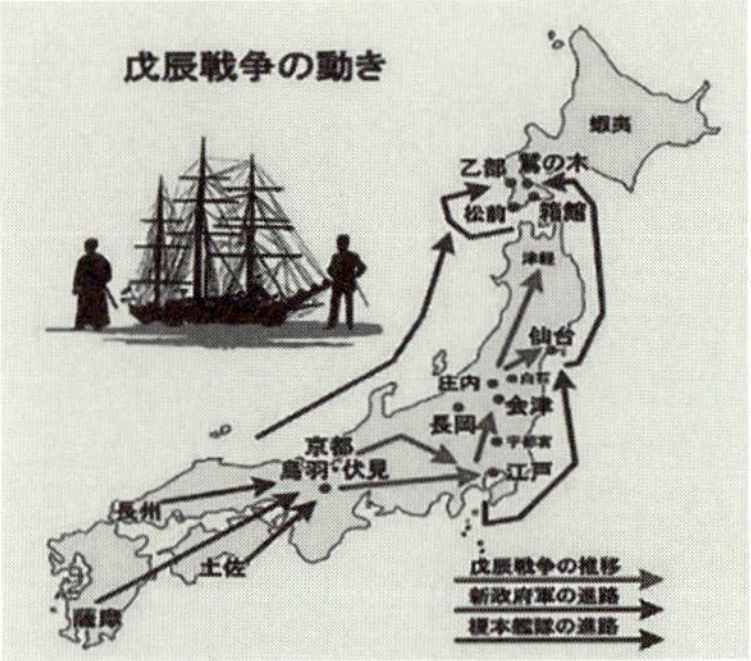

木古内町観光協会展示資料から

（四）江戸時代より過酷な明治以降

奥羽列藩同盟の諸藩の動きや戦い方を調べていくと、官軍にいいように利用され蹂躙されたことが分かります。昨年ＮＨＫで放映された「西郷どん」では、当事者であるのにこの辺のことはほとんど触れられませんでした。なぜでしょう。そして、しなくてもいい戦争を仕掛け、指揮していた人たちが明治政府をつくっていきます。その後においても、中でも長州出身の、伊藤博文、山縣有朋、桂太郎、寺内正毅、田中義一らは総理大臣として、日清戦争、日露戦争、第一次世界大戦、日中戦争、太平洋戦争の指導的な役割を果たしています。明治維新から太平洋戦争の敗戦までの七七年間に、戊辰戦争や西南戦争の国内の戦争を加えれば大きな戦争だけで7回、事件や事変と言われるものを含めれば、常に戦争の状態にあったと言っていいくらいです。

明治維新から七七年間ずっと、戦費と軍備費に国家予算の大半が向けられ、徴兵で働き盛りの男性が居なくなり、国民生活は、次々に拡大していく戦争の遂行を支えるため悲惨な状況に陥っていったあげくに、国中が焼け野原になってしまいました。

それなのに、二六〇年間も平和な世の中が続き世界に誇れる江戸文化が花開いた江戸時代を、なぜ私たちは「貧困と圧政」の時代だと思っているのでしょう。それは、一新した社会が、江戸時代よりは生活が厳しくなったということを思わせてはいけないと言う考えがあったからでしょう。そうでないと戊辰戦争が「世直し」の戦いでなくなってしまうからです。

江戸時代の二六〇年間に戦争は「島原の乱」一度だけです。一揆だから当然ですが、庶民は攻撃された側にいるだけで、鎮圧のために攻撃した幕府側に庶民はいません。戦争をするのは、武士の役目だからです。戊辰戦争の時には、長州藩の「奇兵隊」が身分にかかわらず組織されましたがそれは小規模で、他藩では庶民は戦闘に参加していません。庶民が兵士となって戦争に参加するようになったのは、明治以降のことです。

ついでに、戦国時代までは、兵農分離が行われておらず、農民も兵士として動員されました。農民兵側にもメリットがありました。勝てば「乱取り」と称して、略奪が認められていました。略奪は、物品だけではなく敗者としての村人も含まれており、男性だけではなく女性や子どもも生け捕りにされて、ポルトガルの商人に売り飛ばされたのです。前回、豊臣秀吉の「バテレン追放令」は、この人身売買の阻止のためということを述べました。需要は、供給がなければ成り立ちませんし、その逆も真です。秀吉は、需要側を閉め出すとともに、検地と刀狩りで供給する側の農民兵を解体したと考えると「鎖国」や「検地と刀狩り」も、違った意味合いを持ってきます。

また、農民を過酷に扱えば扱うほど、生産性は上がらなくなります。やる気がなくなり健康を害したり逃げ出したりするからです。収奪は、労働可能な人的資源の補充がなければ続かないのです。

しかし、そうなれば、武士身分そのものの存立が危うくなってきます。ドラマや小説の世界では、「天変地異で生産が上がらなくても過酷に年貢を取り立てた」という設定がなされますが、農民が土地から離れるような事態になれば、困るのは藩であることは明白です。

年貢率は「力関係」と言われます。武力を背景に言うことを聞かせるか、農民の言い分を取り入れるか。江戸時代の多くの藩は、後者を選択せざるを得なかったことを一揆の件数が示しています。一揆が起こるのは、そうすれば聞いてもらえるからです。不満はあっても聴いてくれて、働いた結果が「ゆとり」の実感として返ってくる社会だったから二六〇年あまりも続いたんだと思います。聞いてもらえず犠牲が大きいなら、一揆ではなく別の形を取ります。その例が、江戸末期から明治維新まで吹き荒れたテロや武力闘争です。

過酷な収奪を行ってもうまくいく方法がないではありません。それは、国民を常に戦争のような危機的状況の中に置いておいて、「酷い扱いをされて黙っていていいのか、相手は人間ではない」「自分達は正義を行っているんだ」「正義のためにはお金が必要だ」「一致協力して頑張ろう、そうすればきっと良くなる」と言い含めるのです。そのことに疑問を持ったり従わない者がいたりしたら、「みんな堪え忍んで頑張っているのに、おまえたちは同じ国民ではない」と地域社会から排除するように仕向けるのです。しかし、このやり方にも限度がありま す。収奪による窮乏生活を精神力でカバーしようとするのですから、次第に再生産力が弱体化していき、行き詰まってしまいます。その限度が七七年だったということだと思います。

参考にした本

家永三郎『日本の歴史4』ほるぷ出版1982
半藤一利『幕末史』新潮文庫2012
半藤一利『あの戦争と日本人』文春文庫2013
鈴木荘一『明治維新の正体—徳川慶喜の魁、西郷隆盛のテロ—』毎日ワンズ2017
村上泰賢『小栗上野介』平凡社新書2010

（さこもと　こうじ・事務次長）

人権博多にわか（三）

松崎真治
（芸名　松崎紋太）

◆**沖縄**

「沖縄でおみくじ引いたら、凶ばっかりやったばい」

「なしな?」

「それが沖縄の人が言いよったもん。沖縄にゃあ、吉（基地）ぁ要らんて」

◆**歌**

「夫婦が幸福ぃなるにゃあ、ふたーりで歌ば歌うたが良かばい」

「なしな?」

「そらぁふたーりで歌うなら、不幸せにゃあならん（節合わせにゃあならん）」

◆**介護士**

「介護士にゃあ一級、二級てあるとばい」

「ほんなら、隣ぃ来よんなる介護士さんな何級な?」

「それが帰りがけぃみーんなが、三級（サンキュー）て言いよる」

◆**寝たきり老人**

「寝たきり老人にゃあ、大根やらニンジンやらば食べさせたら良かばい」

「なしな?」

「そらぁ大根やらニンジンなら、寝とって（根採って）食ぶる」

民衆史こぼれ話

片隅に生きた人たち（三四）

「ひえもんとり」の周辺（その一）

石瀧 豊美

米僊は嘉永五年（一八五二）二月、京都に生まれた。子供の頃から画が大好きで、物騒な幕末の京都で「三条河原や四条河原などに晒首になしたり或は其死屍を切捨てにして」置かれているのを見て、横町の白壁に晒首の絵を書き散らしたので、人々の苦情が父親のところに殺到するのが常だった。（山口昌男『内田魯庵山脈―〈失われた日本人〉発掘』上巻、岩波書店、二〇一〇年、二八頁。文末の依拠資料の部分は略した。）

久保田米僊（一八五二―一九〇六）は有名な日本画家で、雑誌の挿絵などで私も名前ぐらいは知っているが、具体的な作品は思い出せない（要するにその程度の知識）。ウィキペディア「久保田米僊」（二〇一八年十二月十五日閲覧）に「幼少から絵が好きで、寺子屋へ行っても手習いはせず、絵ばかり描いていた。矢立を腰に挿し、町内の白壁や門に勤王の志士のさらし首の絵を描いてまわり、親を困らせたようだ」と、同様の趣旨のことが書かれていて有名なエピソードらしい。ただウィキペディアはたぶん解釈を誤っていて、勤王の志士が佐幕派と見た人たちを暗殺し、晒し首にしたはずだ。「勤王の志士のさらし首の絵」では、あべこべに勤王の志士が晒されたことになってしまう。一例を上げるとウィキペディア「島田正辰」に、安政の大獄で井伊直弼に従った島田左近（左近は正辰の通称）が、一八六二（文久二）年に暗殺され、「首は鴨川筋四条北の先斗町沿いの河原に晒された」と

民衆史こぼれ話

書かれている。島田左近の暗殺は幕末を扱った小説でくり返し語られることになる有名な出来事である。井伊直弼への反感から、京都で尊王攘夷派の浪士による暗殺事件（当時は自らを正義とする立場から天誅と称し、罪状を記した斬奸状が書かれた）が頻発したが、仮にこの時とすると、米僊は数えの十一歳である。

ところで苦情が殺到したのは事実としても、それは題材が死体だったからだろうか、それとも落書きされたことに対してだろうか。山口昌男はそこが曖昧だが、殺到した苦情の幾分かは後者だったような気もする。死体であろうとなかろうと、白壁を汚しただけでも苦情は来る。

とはいえ当時としても、よく観察し記憶にとどめた上で死体を描くこどもなど珍しかったのは確かだろう。その米僊が長じて歴史に名を残す画家となった。驚くべきことだが、栴檀は双葉より芳しである。

こんなことを言うのも、米僊が現代に生きるこどもだったら世間はどう反応するだろうか、と思ったからだ。将来はどんな悪人になるかわからない、などと一斉に非難されるような気もする。何もかも予防的にふるまって、平均からはずれた理解不可能な異分子を排除しようとするのが現代だ。題材はともかく、この子は将来偉い画家になる、などと口をすべらそうものならたいへんなことになる（炎上！）。これから述べることも現代人の価値判断で割り切ろうとすると無理がある。そのように考える文化が過去の日本に存在したと、事実をまず受け入れることからスタートしたい。

◆

氏家幹人著『増補　大江戸死体考』（平凡社ライブラリー、二〇一六年、初版は平凡社新書、一九九九年）については、すでに連載第三一回で紹介したことがある（『リベラシオン』一六八号）。同書によって私が初めて知ったのが「ひえもんとり」であった（「第四章　胆（きも）を

民衆史こぼれ話

取る話」)。

また、「腑分けが行われた理由—福岡藩の蘭学と解剖⑧—」(連載第一五回、『リベラシオン』一五〇号)で、幕府の御用(刀の試し斬り)を務める山田浅右衛門家が丸薬「人胆丸《にんたんがん》」を製造・販売していたことにふれた。「人胆丸は胆嚢から製造され、労咳(結核)に効能があると考えられていた」。

さらにもうひとつ、福岡出身の出世頭とも言うべき金子堅太郎が、孫に「人胆丸」を服用させたことを、一九二三(大正十二)年七月十八日の金子の日記から紹介した(連載第二三回、『リベラシオン』一五八号)。この時、私はそれが単にブランドとしての「人胆丸」(人体に由来しない)なのか、それとも近代に至ってもなお「人胆丸」が流通していたのか、誰が製造し、どこで買うことができたのか、疑問を禁じ得なかった。瀕死の孫を前に、藁をもつかむ思いの金子はニセ薬をつかまされたか、とすら思ったのである。

これらはそれぞれ別のこととして私は書いていたのだが、それが実は一連なりのものであったことを最近になって知った。日本の文化や民俗の奥深くに秘められてきたものとして、ここでその一端を紹介しておきたい。ただ、「ひえもんとり」がどこまで史実に裏打ちされているのかまでは私も知らない。したがって、近代に至ってそれがどう語られたのか、という関心にとどまることは断っておかねばならない。そこでは珍奇さが強調されざるを得ないが、この連載で突き詰めているのは、あくまでも解剖学史における遺体への認識、向き合い方がどうだったのかである。

『増補　大江戸死体考』が取り上げた「ひえもんとり」は、作家里見弴の短編小説のタイトルである。氏家によると、鹿児島県出身の父が「幼時に実見した」ことを里見に語り、心に刻み込んだ里見が後年、それを核に小説に仕立て

民衆史こぼれ話

直したものであるという。氏家は「途方もなく血なまぐさい習俗」として紹介している。

〈タイトルの「ひえもんとり」とは、「首を打ち落されたばかりの死刑囚の死骸から、謂ふ所の生胆《いきぎも》……胆嚢を取り出す一種の競技」をいう。〔略……石瀧〕競技の優勝者が享受したのは名誉だけではない。生ギモを手に入れることで、彼は金銭的にも潤った。なぜかといえば「人間の『生胆』は、誰も知ってゐる通り、我が国では浅右衛門丸、支那では六神丸《ろくしんがん》と呼ばれる、貴重な薬の原料であるから」〉（氏家、一三五〜六頁。「」内は里見からの引用。ただし要約を含む。）

死刑囚の処刑後に、遺体から争って「生胆」を取り出すことが武士の技量を示すものとして競技化されていたこと、その「生胆」は薬の原料として売り渡されていたことが、実話であるかのように語られていたわけである。氏家は「小説家が描きだした光景など、とうてい史実とは見なしえない」という当然の批判も想定している。細部にまで史実とは言えないにしても、「習俗」のレベルでは存在していてもおかしくない、というのが氏家の立場だろう。里見が方言という「ひえもんとり」の「ひえもん」は、辞書には見えないようだが「冷えた物」の意だろうか。

国会図書館オンラインで「ひえもんとり」を検索すると一五件がヒットする。いずれも里見弴の小説を収録した文学全集、個人全集などで、中で朝日新聞社鹿児島支局編『かごしま文学の旅』が言及しているのに心ひかれるが、まだ管見に入らない。「ひえもんとり」は文学上は傑作、名作と評価されている。素人目にも、視点をこれから何が起こるか知りようもない、よそ者の死刑囚の側に置いているのが秀逸と思われる。

「一寸お伺ひ致しますが、これはまア、一體どうしたと云ふ見物なのでせう」土佐の

民衆史こぼれ話

方言で、死刑囚が介添の一人を顧みて尋ねた。この他国者は、この国に独特なひえもんとりの風習をまだ知らなかつた。唯の斬罪を見るにしては余り沢山な見物人である上に、不揃いな出立をした倔竟な若者たちで、内側にもう一つ一列の輪が描かれてゐるのも不審だつた。(傍点は略す。)

二つの輪は次のように表現されている。「正しい圓」というのは死刑囚から等距離を保って取り巻いていることを意味している。

その時分には、人間の生胆を取る人々は、大きな輪の内側に、もつと正しい圓をもう一つ描いて立つてゐた。その丁度中心にあたる所が死刑囚の座席になつてゐる。

「ひえもんとり」の初出は『中央公論』三二巻四号(一九一七年四月)である(右の引用はこれによる)。表紙の下には「春期大附録号」と銘打っている。四月号全体が附録ではなく、「附録小説」に七点を掲げ、その五番目が「ひえもんとり」(一二頁分)である。前後に島崎藤村、芥川龍之介、谷崎潤一郎の作品も並んでいる。

本文には「ダイレクト、ナレエション」などという言葉も出て来て、土俗的なおどろおどろしさよりは、理知的な印象を与える作品となっている。驚いたことに『増補 大江戸死体考』の引用で読むのとは違って、初出から受ける印象は「途方もなく血なまぐさい習俗」というものではなかった。決まった手順を踏んでたんたんと一つの出来事が進行するという形で描かれ、終わった後は皆たんたんと家路に就く。いいものを見せてもらった、と満足しながら。

(続く)

(いしたき とよみ・理事・イシタキ人権学研究所所長)

ちょっといい話

定時制編　第二六話

林内　隆二

時代の変化は教育現場にも押し寄せる。高校への帰国子女・外国人生徒の入学の増加である。これはすでに二〇年前に当時の全同教大会（全国同和教育研究大会）において、東京・神奈川などの都市圏の高校現場から報告され、いずれ地方にも共通の課題となることが予見された問題であった。予想通りここ数年、公私立を問わず外国人生徒の入学は増え続けている。家族と共に来日した研究生や技術職員の子どもたちの増加、国際結婚など理由は様々であるが、国際情勢に照らせば島国であることで人的・物理的に隔絶されるなどあり得ない話である。

帰国子女・外国人生徒の入学に対しても制度の改正がなされ、入試制度に若干の配慮がなされるようになった。他の受験生と一律同じという条件では酷だろうとの配慮で、彼らに対しては受験時間の延長がなされるようになった。試験はその知識と考察力をはかるものであろうが、彼らにはそれ以前に、問題が母語ではないという言葉の壁が存在する。英語圏の受験生が英語で受験できるわけではなく、中国語圏の受験生が中国語で受験できるわけでもない。その他の国の受験生も同じことである。ただ、現在実施されている時間の延長のみが、日本語を母語としない受験生への配慮である。母語以外の受験、それは想像するにかなりのハードルであろうが、彼らは難関を乗り越えて入学にこぎつけるのである。言葉の壁は入学後も同様に教科の学習を困難なものにしているが、年齢が若いこともあり、多くは日本語圏での学校生活の中で言語の習得を果たし、学生生活を成就していくのである。ただし、すべての生徒が成功にこぎつけるとは限らず、様々な問題に阻まれ、中途退学を余儀なくされる子たちも少なくない。その理由の根底には言語の壁からくる人的交流の乏しさや学習理解の困難さなどの問題が存在している。例えば小学校ではその学校に専属の彼らへの言語的サポートをする職員の特別配置があり、サポートは言語学習だけにとどまらず彼らのメンタルな面での成長にも関わっている。中学校になると地区単位での配置になり、各学校を巡回してのサポートとなり関わりは希薄にならざるを得ず、更に高校になると各校の裁量に任されて、学校によっては何もしないに等しい場合も出てくる。それでも中学時の日本語教師が高校と連携し、生活面でのサポートまで関わった実践も過去にはあった。

そんな状況下、近年高校にもサポート専任教師の配置制度がスタートした。現職時、W高校は定時制高校生と地元北九州の大学の留学生たちとの文化交流に力を注いできた。中国・ベトナム・韓国・スリランカ・タイ・インドネシア・モンゴルなどの留学生との交流は、定時制生徒たちの世界を広げ見識を深めるのに計り知れない教育的効果があったと自負している。個人的には技能実習生たちや、国際結婚で来日した外国人を対象とした日本語教室での日本語教師のボランティアも、国際交流という観点からやりがいのある仕事だと感じている。そんなところにB高校定時制から日本語サポート教師の依頼があった。私はこれを断る理由が見つからず、かくして入学してくるフィリピン人生徒のサポート特任教師になったのだった。

初対面の時、両親（フィリピン人・日本人）と本人は不安の渦中にあるように感じた。無理もない。タガログと英語を母語とする十七歳の少女が、周囲日本人だらけの異国の学校で日本語での授業を受けることになったのだ。それでも学校に行きたいとする欲求に突き動かされ、高校進学を決意したものの不安は極致に達していたことだろう。先ずは三人を安心させることから始めなければならなかった。教務主任の「大丈夫ですよ。みんなでサポートしていきますからね」という言葉を通訳した後、私は自分の立場と役割を両親と本人に説明する。教科と学校生活に関するあらゆる面でサポートするということを言うと三人の表情が一変した。

「よろしくお願いします」という言葉の中に本人と親ごさんのすべての気持ちが込められているように感じた。こうして対面も終わり新学期がスタートした。

定時制生徒は夕方五時頃からポツポツ登校してくる。先ずは食堂で給食を取り、その後一時間目が六時からスタートする。私は一時間目と二時間目のすべての教科に、担当生徒のNと一緒に授業を受ける。すべての教科には言葉の壁が存在する。先ずはその壁を取り除くことから始める。例えば数学について考えてみよう。「次の問題を解きなさい」という問題はよくある表現である。「次の数式の答えを記せ」もある。「次の解を求めよ」もあるだろう。「証明せよ」はどうだろう。これらのいずれも「問題を解きなさい」と言ってるし他の生徒は難なく解くケースだろう。だが、言葉の意味を知らないと、何となく想像はついても答えはわからない。時には勘違いして違う作業をしてしまうかも知れない。理数系は記号が多いから言葉の壁などあまりないと思われるかもしれない。いやそうではない。数学にとどまらず物理や化学などの理科の科目でも同じ困難さは生じるのだ。文章問題は言葉の意味が分からないと解けないのだ。元素記号を書かせる問題が出たとしよう。皆さんは「水兵リーベぼくの船、なーシップスクラークか」と意味づけして語呂合わせで覚えた記憶をお持ちだろう。しかしNにとっては『水兵』も『ぼくの船』も外国語であり、自分の生活用語に意味づけすることはできない。「どう間違えてジュラルミン」式の覚え方も同様である。あるいは国語総合という科目がある。現代文・古文・漢文などを総合的に学習する科目であるが、言葉の壁どころか、これはもう要塞みたいなものである。先ず漢字圏以外の国の人間にとって、漢字は文字ではなく記号でしかない。アラブの文字をなじみのない私たちが見ても文字には思えないのと同じである。更に漢字は部首というパーツの組み合わせで出来ており、「偏（へん）」「旁（つくり）」「冠（かんむり）」「脚（あし）」「構（かまえ）」「垂（たれ）」「繞（にょう）」など、それぞれに意味がある語の組み合わせなのである。各パーツの意味を知っていれば想像はつくが、漢字圏外の人間には不可能である。「沙漠」の「沙」は「水が少ない」から「砂」を連想し総じて「さばく」と想像できるかも知れないが、「水」「少ない」の意味を知らなければ不可能だ。更に漢字の筆順というやっかいな要素も加わる。「口」という「国構（くにがまえ）」は筆順三画の語だが、Nは一筆書きで書いていた。記号と考えればそれも無理からぬことだろう。一筆書きは合理的ですらある。更に更に「N、その筆順は違うよ」と言うと「でも本にはこう書いてあります」ということが度々あった。私が筆順を間違えて覚えていたのだった。何と六〇年以上も間違えた筆順で過ごしてきたことに気が付かされて愕然とする。（ええい、筆順ぐらい間違えても生活できるわい）と言いたいが、その言葉は彼女にもあてはまることだろう。

「漢字が分からなければ辞書をひけ。我々も英単語はそうやって辞書をひいておぼえた」という人がいるかも知れない。その人に言おう、漢字は読み方がわかなければ辞書はひけない。例えば「わかる」という単語の意味は辞書のワ行をひいて行けば、「わかる」という言葉に行きあたる。じゃあ「理解する」という言葉はどうだろう。「理解」の読み方がわからなければ、何をひけばいいのかはわからない。漢和辞典があるだろうという声もあるかも知れない。だが、「理解」という言葉をビギナーは一体何を手掛かりにひけばいいのか、部首か画数か、それは更に難しい作業になるのは前述の如くである。更に更に更に、現代文の文学的表現、文章の修辞的領域になれば、これは他の多くの生徒たちにとっても難しいことは一杯あるだろう。

「冬将軍が枯葉の名刺をもって訪れる候、同時に荒れ果てた引き戸の隙間に忍び寄る死の気配は破れ障子をはためかす寒気の如く甘美な破滅への道程へと私を誘うのだった…」こんな文章の一語一語を逐語訳して、それを組み合わせたとして、果たして作者の真意は伝わるのか、はなはだ疑問である。まだまだある。いや、つまり、翻訳をするという作業の中で分かってきた、母語ではない言葉を媒介とする学習の難解さというものを痛烈に感じながら、私のサポート業務は滑り出したのである。

（続く）

（はやしうち　りゅうじ・シンガーソングライター）

映画紹介

『search サーチ』

（監　督：アニーシュ・チャガンティ
製作国：アメリカ
製作年：二〇一八年
上映時間：一〇二分
日本公開：二〇一八年一〇月二六日）

吉田　到

『search サーチ』

現在、日本の携帯電話の契約台数は一億六九〇〇万台だそうですが、今やそのほとんどがスマホだと思われます。日本の人口の一億二五〇〇万人よりも多い数となっています。幼児などはまだ持っていないとして一人で数台持つのも普通のようです。それに加えタブレットなども持ち歩いているのではないでしょうか。先日電車に乗った時に車内を見回しても、私も含めてほぼ全員がスマホの画面を見ていました。

私は朝の目覚ましにスマホのアラームを使用しているので、寝起きに真っ先に見るのがスマホの画面です。そしてメールのチェックやらネットでの調べ物など、もちろん電話もですが、スマホの画面を見ない日は一日もありません。

そのように私たちの生活に切っても切り離せなくなった通信機器ですが、以前はパソコンがネットワーク接続の主流でした。映画との関わりで見ると一九八三年公開のアメリカ映画「ウォー・ゲーム」が古典的名作と言えるのではないでしょうか。パソコンの知識に関しては天才少年が正体不明のコンピュータに接続したことから米ソ激突の核戦争を引き起こす直前までいくというお話でした。その後コンピュータは飛躍的に発展し、最近では二〇一七年公開でエマ・ワトソン、トム・ハンクス共演の「ザ・サークル」が近未来のSNSの行き過ぎた怖さを描いていました。昨年の十一月に公開されていた「スマホを落としただけなのに」という邦画も恋人がうっかりタクシーの中にスマホを落としたため大変怖い思いをし続けることになる女性の話でした。

今回紹介する「search サーチ」は行方不明になった娘を探す父親の話で、映画全編がパソコンやスマホの画面のみで描かれているという今までに見たことのないタイプの映画です。

物語はまず懐かしいウインドウズXPのあの草原の画面から始まります。そしてネットに接続するときも電話番号でかけるダイヤルアップの音声が聞こえてきます。そこに描かれているのは娘の成長を記録する父親の写真や動画の数々です。そして妻の死という悲しい場面も全てパソコンの画面だけで描かれています。

彼の娘マーゴットも一六歳になって、時代の流れでインターネット主流のSNSで娘とのやり取りとなっています。その娘がある日突然行方不明になってしまいます。父親はそこで初めて娘の交友関係を全く知らなかったことに初めて気づくのです。家に置いていった娘のノートパソコンに何とかアクセスして様々なことを探り始めますが、初めは全く手掛かりが無いように思えます。しかし、娘のSNSの写真や動画を注意深く見て行くうちに段々ヒントらしきものが浮かび上がってきます。警察からも担当捜査官が派遣され熱心に捜査してくれます。果たして娘は自ら犯罪を起こし、自分の意思で行方をくらましたのか、それとも事件に巻き込まれたのか、父親もSNSを駆使して娘の行方を捜し、ピアノのレッスン料を貯めた二五〇〇ドルもの大金が誰かに送金されている事実や、父親の弟と密に会っていた事実などを探り当てます。そして事件発生から六日後に警察から最悪な情報がもたらされますが…

パソコンの画面だけでここまでミステリーサスペンスとして描けることに大変驚きましたし、ドキュメンタリー的な要素も持ちながら最後には泣きそうになるぐらいの気持ちにさせられました。ただ、いくら取り調べの可視化が進んでいると言っても警察の取調室のやり取りの映像が流れたり現場の証拠写真が公開されたり現実的に無理があるかなと思わせる所もありますが、ストーリーも二転三転し最後まで目が離せませんでした。見終わった時思わず「今日は凄い映画を見た」と言ってしまいそうになるぐらい私には衝撃作でした。

現在、ネット社会のただ中に生きている私たちにとって、そこで流されている情報は必ずしも正しいものばかりではなく、かなり怪しいもの、さらに悪意に満ちているものも数多くあります。誰もが自由に全世界に自分の意見を表明できるネットですが、人権問題で見ると新たな部落地名総鑑がネット上で平然と公開されていたり、個人名をさらしての誹謗中傷など無法地帯になっている感があります。先日も山口県人権啓発センター事務局長をされている川口泰司さんの講演を聞く機会があり、十四歳の少女がヘイトスピーチを街頭でしている映像などを見せていただき大変衝撃を受けました。便利な道具であるはずのSNSがとんでもないことに使われる時代になったということでしょう。

ネットの写真を無断で転用したなりすましによって起こる悲劇から最後にはホッとすることが出来る今回の映画「search サーチ」。今度は映画館の画面ではなく、映画の設定と同じパソコンの画面でぜひ見たいと思いました。

(よしだ　いたる・慶成高等学校教諭)

リベラシオン no.173 執筆者プロフィール（五〇音順）

石崎　杏理（いしざき・あんり）
二四歳以下のＬＧＢＴＱの子ども・若ものをサポートする団体「ＦＲＥＮＳ」代表。二〇〇八年から活動を始め、福岡市の小学校教員を経て、ＦＲＥＮＳでは相談支援と講演活動を担当しています。講演のご依頼や、子ども・若ものに関する相談は　frensinfo@gmail.com　まで。

石瀧　豊美（いしたき・とよみ）
平成二四年度福岡市文化賞受賞。平成二九年度福岡市教育委員会表彰受賞。一九四九年生まれ。イシタキ人権学研究所所長。（公社）福岡県人権研究所理事。独学で近代史や部落史を研究。二〇一二年五月、『筑前竹槍一揆研究ノート』を刊行（花乱社）。「イシタキ人権学研究所」＝ http://www5e.biglobe.ne.jp/~isitaki/（「イシタキ」で検索可）。

江島　諒（えしま・りょう）
福岡県中学校理科教諭。性的マイノリティについては、大学在学中に知る。前任校にて、部落問題との出会い直しがあり、人権・部落問題学習に取り組むようになった。現在、自分に何ができるのかを模索中。

喜多加実代（きた・かみよ）
ＮＰＯ法人福岡ジェンダー研究所副理事。福岡教育大学教員。専門は社会学。『公正な社会とは』人文書院、二〇一二年（共著）。『子育て世代のソーシャル・キャピタル』有信堂、二〇一八年（共著）など。

木村かよ子（きむら・かよこ）
一九四五年、福岡県小倉市（現・北九州市小倉北区）に生まれる。主な著作に絵本『おおさこのかや』シリーズ（海鳥社）。

黒木　麻衣（くろき・まい）
福岡教育大学初等教育教員養成課程社会科選修四年。卒業論文でＬＧＢＴ教育について研究。二〇一九年四月から福岡県小学校教諭。

健崎まひろ（けんざき・まひろ）
佐賀大学経済学部二年。大学入学後、ＬＧＢＴＱ＋の学生の居場所づくりのためにサークル「ＣＡＲＡＳＳ」を設立し、一年半で大学より公認。現在は定期的なサークル活動の他に、学生の立場からＬＧＢＴＱ＋の現状について伝えより良い環境づくりのための活動をしている。

迫本　幸二（さこもと・こうじ）
糟屋地区小学校教諭、福岡県教育庁福岡教育事務所同和教育室指導主事、福岡県教育センター教育経営部人権教育班主任指導主事、那珂川町立小学校長を経て、現在、公益社団法人福岡県人権研究所事務次長、西南学院大学非常勤講師。学校における人権・同和教育の教職員研修の指導助言や研修講師を数多くつとめた。また、行政職員等の研修をはじめとして、ＰＴＡの家庭教育学級での子育て問題や地域公民館の人権・同和問題について、講師として研修・啓発を行った。

高津　麦（たかつ・むぎ）
福岡教育大学初等教育教員養成課程美術選修四年。福岡教育大学ＬＧＢＴＱサークルにじいろ代表。多様な性の子ども若者をサポートする任意団体ＦＲＥＮＳでも活動。二〇一九年四月から福岡県小学校教諭。

中村　美亜（なかむら・みあ）
名古屋市生まれ。専攻は芸術社会学。東京藝術大学助教等を経て二〇一四年四月から現職。ジェンダー／セクシュアリティに関する研究も多い。九州大学ソーシャルアートラボ副ラボ長、共創学会理事、アートミーツケア学会理事。

二宮　周平（にのみや　しゅうへい）
一九五一年五月生まれ。大阪大学大学院法学研究科博士課程修了。法学博士。立命館大学法学部教授。選択的夫婦別姓、婚外子の平等化、子の意思の尊重、性的マイノリティの権利保障など個人の尊重とジェンダー平等の家族法を追求している。近著として、『18歳から考える家族と法』（法律文化社、二〇一八）。

野々村淑子（ののむら・としこ）
九州大学教授、教育文化史。近代家族とその性別二元論の淵源を探究中。現在は、近世イギリスの貧困児救済、孤児院や貧困児向けの医療救貧等を通して、子どもの生命保護と家族ポリス論の歴史を解明しています。「家族による子どもの健康管理のはじまり――イギリス初の貧困児向け無料診療所（一七六九～一七八一）」小山静子他編著『子どもと教育　――近代家族というアリーナ』日本経済評論社、二〇一八年等。

のび　しょうじ
西播地域皮多村文書研究会。『播磨白鞣革の史的研究』（西皮研刊　二〇一七）西村祐子共著。『播磨皮革史の研究』（ひょうご部落解放・人権研究所『研究紀要』19　二〇一三）代表　出口公長。『近世の皮革統制と流通』（鳥取県部落史刊　二〇一八）共著。『皮革の歴史と民俗』（解放出版社　二〇〇九）。

林内　隆二（はやしうち・りゅうじ）
二〇年間の定時制高校勤務を終え退職後、人権バンド「願児我楽夢」のリーダーとしてコンサート活動の傍ら、外国人技能実習生などのニューカマーを対象とする日本語教室でボランティア活動に従事。人権研究所外国人部会会員。現在小倉南高等学校定時制にて、帰国子女・外国人生徒適応指導特別任務に就いている。

松崎　真治（まつざき・しんじ）
旧姓は深川。芸名は松崎紋太。一九三一年生まれ。一九五五年中央大学法学部卒業。入国警備官、検察事務官を経て、一九七八年検察官副検事に任官。一九九四定年退官。にわか学会（全国）会員、博多仁和加振興会相談役、子供にわか連絡協議会会長、博多にわか教室主宰、博多謎々の会事務局担当幹事、福岡市生涯学習講師。著書に『博多にわか歳時記』、『博多にわかで振り返る平成5年』『こげんこともござした平成7年』『博多弁版日本国憲法』『博多にわかで考える人権問題』『博多弁訳般若心経』など。

眞野　豊（まの・ゆたか）
一九八一年、北海道生まれ。専門は、教育社会学及びクィア教育学。二〇〇八年～二〇一四年まで公立中学校講師。二〇一七年に九州大学で博士号取得。現在、日本学術振興会特別研究員ＰＤ。広島修道大学非常勤講師。

吉田　到（よしだ・いたる）
慶成高等学校教諭(商業科)。高校生の時に、校内の「部落解放研究会」の活動に誘われ解放運動に出合う。映画を通して人権問題を考えていきたいと思っている。

二〇一四年十二月刊行　福岡部落史研究会四〇周年記念

被差別部落の歴史と生活文化

—九州部落史研究の先駆者・原口頴雄著作集成—

著　原口頴雄

企画・編集　公益社団法人 福岡県人権研究所

目次

「このたび刊行される著作集は、かつて彼が敢えて拒んだ学位論文を超えて、ほんとうに彼にふさわしい書物になった」

（秀村選三九大名誉教授の「序」より）
全国の学校図書館・公民館・必備の書。

定価　8000円+税　研究所頒価　5000円+税
A5判　上製　506頁
企画・編集　公益社団法人福岡県人権研究所
明石書店

ご注文は(公社)福岡県人権研究所まで
TEL(092)-645-0388/0387(FAX)
info@f-jinken.com
http://www.f-jinken.com/